AU BAL DE LA CHANCE

ÉDITH PIAF

AU BAL DE LA CHANCE

Présenté et annoté par Marc Robine

Préface de Jean Cocteau

Postface de Fred Mella

NEIGE l'Archipel

Il a été tiré de cet ouvrage
une édition originale
de deux cents exemplaires
numérotés de 1 à 200
réservée aux éditions Neige et
au théâtre du Grütli à Genève
sur Bouffant Skoura ivoiré
des papeteries Antalis

Au Bal de la chance a paru initialement aux éditions Jeheber, Genève, 1958.

Le logo des éditions Neige est dessiné par Martial Leiter.

Si vous désirez recevoir notre catalogue et être tenu au courant de nos publications, envoyez vos nom et adresse, en citant ce livre, aux Éditions de l'Archipel,
34, rue des Bourdonnais, 75001 Paris.
Et, pour le Canada,
à Édipresse Inc., 945, avenue Beaumont,
Montréal, Québec, H3N 1W3.

ISBN 2-84187-521-0

Avant-propos

T'avais un nom d'oiseau et tu chantais comm' cent
Comm' cent dix mille oiseaux
qu'auraient la gorge en sang…

« À une chanteuse morte »
Léo FERRÉ

Exception faite de Georges Brassens et de Jacques Brel, aucun autre artiste de la chanson française n'a fait l'objet d'autant d'ouvrages qu'Édith Piaf. Biographies, livres de souvenirs de proches – et de moins proches –, albums de photographies, recueils d'anecdotes plus ou moins vérifiables, plus ou moins fantaisistes, tentatives d'analyses thématiques, etc. Certains s'y reprenant même à deux, voire trois reprises, tant le filon devait être lucratif.

Aujourd'hui, l'ensemble de ces ouvrages forme une somme d'une cinquantaine de volumes ; auxquels il convient d'ajouter quelques publications étrangères (Pologne, Suède, Grande-Bretagne…), montrant à quel point la gloire de la Môme avait dépassé le cadre du public francophone pour atteindre une indiscutable notoriété universelle.

Édith Piaf, elle-même, participera à l'édification de ce monument bibliographique en signant deux livres de souvenirs intitulés *Au bal de la chance* et *Ma vie*. Elle n'en écrivit bien sûr aucun ; chacun d'eux étant le fruit d'entretiens avec un journaliste se chargeant, par la suite, de mettre en forme cette abondante matière brute. Le tout finissant par s'organiser comme un récit à la première personne ;

comme si Piaf laissait aller sa plume, au fil des résurgences de sa mémoire.

Au bal de la chance – que vous tenez entre les mains – fut ainsi écrit par Louis-René Dauven, journaliste à Radio-Cité et à *La Vie parisienne* et, par ailleurs, spécialiste de l'histoire du cirque. Il fut initialement publié au printemps 1958, avec une préface de Jean Cocteau[1].

Ma vie sortit en librairie au début de l'année 1964, trois mois après la disparition de la chanteuse[2]. Il s'agit d'une compilation d'articles et d'interviews déjà publiés par Jean Noli dans l'hebdomadaire *France-Dimanche*, entre 1961 et 1963, et retravaillés pour la circonstance pour en unifier le style et leur apporter une plus grande cohérence narrative.

Bien des choses sont fantaisistes dans ces deux ouvrages. Leur lecture en parallèle nous donne à maintes reprises des versions radicalement différentes de la même anecdote ou du même épisode de la vie de la chanteuse. Affabulation, exagération ou travestissement pur et simple de la vérité ne sont jamais loin. Et, de fait, dans le recueil de souvenirs – signé de son nom, cette fois – qu'il consacrera une dizaine d'années plus tard à la chanteuse disparue[3], Jean Noli nous explique à plusieurs reprises comment ils ne s'encombraient ni l'un ni

---

1. Édith Piaf, *Au bal de la chance*, préface de Jean Cocteau, Genève, Éditions Jeheber, 1958.
2. Édith Piaf, *Ma vie*, Paris, Union générale d'éditions, 1964.
3. Jean Noli, *Édith*, Paris, Stock, 1973. Cet ouvrage, légèrement augmenté et accompagné d'une préface de Charles Aznavour, a été réédité sous le titre *Piaf secrète*, aux éditions de l'Archipel, en 1993 et 2003.

l'autre de vérité historique, dès lors qu'il s'agissait d'émouvoir le lecteur. Les deux compères inventant et magnifiant à leur guise des anecdotes que certains biographes colporteront par la suite comme des faits avérés – et qui font désormais partie des mythes les plus solides de « la légende Piaf ».

Un exemple parmi d'autres... Bien avant d'être la môme Piaf, à l'époque où elle n'était encore qu'une pauvre gosse de misère chantant dans les rues pour subsister au jour le jour, Édith eut une fille, prénommée Marcelle, qui ne vécut qu'un peu moins de dix-huit mois avant d'être emportée, en quelques jours, par une méningite foudroyante[1]. N'ayant pas le moindre sou pour payer les frais d'obsèques, et ne se sentant pas le cœur à chanter pour en gagner, Édith emprunte quelques dizaines de francs autour d'elle. Mais la somme est loin d'être suffisante et, pour la compléter, la jeune femme n'a d'autre ressource que de se prostituer. « Un type qui remontait la rue de Belleville derrière moi m'a racolée comme une fille. Et j'ai accepté. Je suis montée avec lui pour dix francs. Pour enterrer mon enfant[2] ! »

Pour rendre le tableau encore plus déchirant – et bien digne des chansons réalistes, glanées au fil des rues, qui constituaient alors l'essentiel de son répertoire –, elle raconte l'épisode dans *Ma vie* en y ajoutant une bonne louche de pathos et d'eau de rose : ému par l'histoire de la fillette, morte le matin même, le client la laisse repartir, sans rien exiger

1. Née à Paris, le 11 février 1933, la petite Marcelle décédera à l'Hôpital des Enfants Malades le 7 juillet 1935.
2. Jean Noli, *Piaf secrète,* Paris, Éditions de l'Archipel, 2003, p. 61.

d'elle, lui faisant cadeau des dix francs convenus pour la passe.

Une version édifiante et mélodramatique, dont Jean Noli nous livre la genèse. N'oublions pas qu'à l'époque où Noli fait cette interview Édith Piaf n'est plus l'anonyme mendigote des trottoirs en passe d'être découverte par Louis Leplée, mais une star dont la renommée a très largement dépassé les frontières de l'Europe. Tout simplement l'une des plus grandes vedettes mondiales en activité.

« Je crains, Édith, que si vous racontez que l'homme a couché avec vous, cette chute ne choque les lectrices…

— Vous avez raison. Que suggérez-vous ?

— Je dirais que, lorsque vous vous êtes retrouvée avec l'inconnu dans la chambre de passe, vous avez éclaté en sanglots.

— C'est bien. Et après ?

— Ensuite le type vous a demandé la raison de vos larmes et vous lui avez révélé la mort de votre enfant. Alors, il a eu pitié de vous, vous a donné la pièce quand même, sans vous toucher, et il est reparti.

— Vous avez raison. C'est plus joli et c'est moral[1]. »

Et Noli d'ajouter ce commentaire qui en dit long sur le pouvoir d'autosuggestion que peuvent avoir certaines personnes : « Quelques jours plus tard, Édith, revenue sur cet épisode de sa vie, me le raconta avec la conclusion que je lui avais suggérée. Je lui demandai innocemment :

1. *Ibid.*, p. 72.

— Et le bonhomme ne vous a pas touchée, Édith ?
— Pas un cheveu. C'était un gentleman. »

Ainsi Édith Piaf corroborera-t-elle la plupart des légendes qui forgent son mythe, avec – le plus souvent – l'apparence d'une sincérité absolue. Comme si elle avait fini par se convaincre que tout cela était vrai. C'est un point sur lequel il n'est pas inutile de s'arrêter, car il n'y avait sans doute chez elle aucun désir conscient de duperie. Et surtout pas celui de tromper son public, auquel elle vouera toujours un immense respect ; quitte à chanter parfois, pour lui, jusqu'à l'extrême limite de ses forces. Qu'on en soit persuadé : Édith Piaf n'était pas une truqueuse. Ni une menteuse. C'était une femme d'une grande honnêteté et d'une grande sincérité ; avec un côté fleur bleue et un cœur de midinette qui la rendit parfois victime de sa propre crédulité. Victime aussi de la rapacité de ceux qui, dans son entourage plus ou moins proche, surent abuser de son inépuisable générosité. Au point qu'elle mourut couverte de dettes… elle qui était l'une des vedettes les mieux payées du monde.

Cette complicité implicite de Piaf, dans l'édification d'une mythologie à laquelle elle finira par croire elle-même, n'est pas en soi un phénomène unique. Nombreux sont les personnages publics et les artistes de premier plan qui aiment à corriger le trait lorsqu'il s'agit d'écrire leurs mémoires ou de confier à un tiers le soin de conter leur enfance, leurs débuts et leur accession à une gloire qui ne souffre désormais plus la moindre trace d'ombre. Ces coups de pouce à l'histoire vont donc, généralement, dans le sens de l'idéalisation ou – au pire – du mystère entretenu. Or, dans le cas d'Édith Piaf, cela va toujours vers un surcroît de pathos et de misérabilisme, derrière lesquels se devine ce qu'il faut bien appeler un indéniable masochisme. L'idée d'une revanche, aussi.

Revanche du rêve sur les années douloureuses d'une enfance et d'une adolescence frappées au coin de la misère et de la rue, du désespoir et de la faim. Revanche également sur une certaine banalité du malheur : quitte à avoir vécu une enfance miséreuse, autant forcer sur la mouise et le pétrin, broder sur la débine pour la rendre plus pathétique encore. Comme pour mieux souligner le chemin parcouru et accentuer, autant que faire se peut, le contraste entre le ruisseau des origines et les cimes de la réussite.

Entre ces deux images d'Épinal que sont le pinacle et l'ornière, le personnage de Piaf s'écrit et se dissèque, depuis plus d'un demi-siècle… et il n'est guère facile d'y démêler le vrai du faux.

Le fait que Piaf elle-même ait accrédité la plupart des affabulations qui forgent sa mythologie, et que celles-ci aient été abondamment colportées par la presse à sensation, ne facilite certes pas le travail des biographes qui – dans son cas – semblent se recopier l'un l'autre sans trop chercher à vérifier leurs sources, ni se livrer à de vrais efforts d'investigation. D'autant que ces légendes collent si bien à cet univers de mauvais garçons, de filles des rues, de militaires en partance pour les colonies, de marlous sans scrupule, de « Mômes de la Cloche » et d'amours d'une nuit, qui constituera l'essentiel du répertoire de la chanteuse – au moins pendant la première partie de sa carrière.

Et puis, comment remettre en question la véracité des histoires, lorsque celles-ci finissent par recevoir la caution des pouvoirs publics, au point d'être gravées dans le marbre des plaques commémoratives. Ainsi peut-on voir, au-dessus du porche de l'immeuble sis au numéro 72 de la rue de Belleville, à Paris, une plaque de marbre clair sur laquelle est écrit :

Sur les marches de cette maison
naquit le 19 décembre 1915
dans le plus grand dénuement
ÉDITH PIAF
dont la voix, plus tard,
devait bouleverser le monde.

Cette naissance dans la rue, en plein hiver, agrémentée de détails pittoresques – pour faire vrai – est l'un des grands temps forts de « la légende Piaf ».

Sentant venir les premières douleurs, sa mère[1] serait partie à pied, en compagnie de son mari[2], vers l'hôpital le plus proche ; mais, prise de court par l'accouchement, elle se serait réfugiée dans une encoignure de porte, laissant Louis courir chercher une ambulance. Ce dernier, faisant plusieurs haltes

1. Née à Livourne (Italie) le 4 août 1895, la mère d'Édith Piaf se nommait Anita Maillard. Chanteuse des rues, sous le nom de Line Marsa, elle abandonnera très tôt sa fille et n'aura pratiquement plus jamais de relations avec elle. Elle mourra dans la misère, d'une overdose de morphine, le 6 février 1945.
2. Le père d'Édith Piaf, Louis Gassion, est né à Falaise (Calvados) le 10 mai 1881. Acrobate-contorsionniste-antipodiste ambulant, il s'occupera de sa fille et l'emmènera en tournées avec lui, après que sa mère l'eut abandonnée. Il conservera de bonnes relations avec elle, jusqu'à ce qu'il décède, le 3 mars 1944.

dans les bistrots du quartier pour célébrer d'avance l'heureux événement, ne serait revenu sur place que bien après la délivrance de sa femme... aux trois quarts ivre et – naturellement – bredouille. Dans l'intervalle, deux agents de police se seraient occupés d'elle, étalant leurs pèlerines sur le trottoir pour que ni la mère ni l'enfant n'aient trop froid, tandis qu'une infirmière habitant le quartier aurait coupé le cordon ombilical avec une simple paire de ciseaux – non stérilisés bien sûr.

N'imagine-t-on pas Fréhel ou la bonne Berthe Sylva chanter cela ?

Mais, comme toujours, la réalité est plus banale. Une simple visite de curiosité aux archives de la maternité de l'hôpital Tenon, situé rue de Chine, à quelques centaines de mètres de la rue de Belleville, nous apprend – registre à l'appui – qu'en ce fameux 19 décembre 1915, une certaine Anita Maillard, épouse Gassion, a donné naissance à une petite fille prénommée Édith Giovanna, mise au monde par le docteur Jules Defleur, assisté de l'interne de service Jacques Goviet et d'une sage-femme nommée Jeanne Groize.

Que dire de plus, sinon citer l'une des dernières répliques du très beau western de John Ford, *L'homme qui tua Liberty Valance* ? Dans ce classique du genre, le personnage principal, interprété par James Stewart, confie aux journalistes venus l'interviewer que sa réputation et la brillante carrière politique qui s'ensuivit reposent sur un malentendu, une duperie : il n'est pas l'homme qui tua le sanguinaire Liberty Valance qui, bien des années plus tôt, terrorisait la région. Déchirant devant lui le texte de l'interview, le rédacteur en chef du journal local déclare alors : « Monsieur

Stoddard, quand la légende est plus belle que la réalité, nous imprimons toujours la légende ! »

Il en sera toujours ainsi de la vie d'Édith Piaf.

Une chose qui finira sans doute par lui peser... De manière forcément inconsciente, puisqu'elle ne cessa jamais de colporter ces histoires, finissant – nous l'avons vu – par y croire elle-même. Lui peser au point de lui faire dire un jour : « Je serai morte, et on en aura tant dit de moi que personne ne saura vraiment qui j'aurai été[1]. »

Au bal de la chance est le premier de tous les livres jamais publiés sur Piaf, et l'un des deux seuls à avoir paru de son vivant[2]. Au regard de tout ce qui a pu être écrit, par la suite, sur la chanteuse, il ne contient que relativement peu d'extravagances, si l'on excepte, bien sûr, l'histoire de la naissance sur les marches de la rue de Belleville, dont nous avons vu ce qu'il fallait penser – mais sur laquelle la chanteuse ne s'attarde guère, ici. Pour le reste, il s'agit surtout de petites déformations factuelles, pouvant relever d'une mémoire imprécise, d'omissions volontaires visant à préserver sa vie privée et celles d'un certain nombre d'hommes ayant traversé son existence, ou de petits embellissements apportés à des anecdotes globalement véridiques. Rien de rédhibitoire, donc, dans cet ouvrage d'une lecture fort plaisante, où Édith se livre d'une manière alerte et savoureuse, préférant ne pas trop insister sur ceux qui l'ont blessée, pour mieux exprimer

---

1. Édith Piaf, *Ma vie, op. cit.*, p. 7.
2. Le second livre publié du vivant de la chanteuse est l'ouvrage de Pierre Hiégel, *Édith Piaf*, Paris, éditions de l'Heure, 1962.

son affection et son admiration à l'endroit de ses amis les plus chers ou de chanteuses que d'aucuns eussent aimé lui faire considérer comme de dangereuses rivales : Damia, Fréhel, Marie Dubas, etc.

Outre le fait qu'elles n'étaient pas tout à fait de la même génération – la plupart d'entre elles étant déjà au sommet de leur gloire alors que la Môme Piaf débutait[1] –, Édith ne manquera jamais une occasion d'exprimer publiquement le respect sans réserve qu'elle leur portait, ni tout ce qu'elle estimait leur devoir. Sur ce point, une anecdote est assez révélatrice. Le 3 juillet 1953, Marie Dubas et Édith se rencontrent à Metz, où elles chantaient toutes les deux. Édith est alors une star mondialement connue – surtout aux États-Unis – tandis que Marie Dubas, pourtant considérée comme « un monument de la chanson », suit le Tour de France de ville en ville pour se produire à chaque étape. Les deux femmes se retrouvent après leurs spectacles respectifs.

« Au cours de la conversation, elle s'aperçut que je lui disais “vous”. Elle m'en fit la remarque.

— Tu ne me tutoies pas, Édith ?

— Non, Marie, lui répondis-je. Je vous admire trop. J'aurais l'impression de gâcher quelque chose[2]… »

Telle était donc Édith Piaf. Sans doute la plus grande chanteuse de toute l'histoire de la chanson

---

1. Les premiers enregistrements de Fréhel, Marie Dubas, Damia, Berthe Sylva et Annette Lajon datent respectivement de 1909, 1924, 1926, 1928 et 1934, alors qu'Édith ne fut découverte par Louis Leplée qu'au début du mois d'octobre 1935, son premier 78 tours n'étant enregistré qu'en janvier 1936.
2. Propos rapportés par Édith Piaf, dans le présent ouvrage, p. 80.

française… mais, surtout, une femme admirable, avec un cœur si grand que, comme le dira si justement Guy Béart : « C'était une flamme qui se brûlait en éclairant les autres. »

Dans le présent ouvrage, Édith Piaf et son transcripteur Louis-René Dauven choisiront de commencer leur récit au moment de la rencontre entre celle qui n'est encore qu'une anonyme chanteuse des rues et Louis Leplée, l'homme qui lui donnera sa véritable première chance en la faisant débuter dans son cabaret Le Gerny's, après lui avoir trouvé son premier nom de scène : la Môme Piaf. Nous sommes alors en octobre 1935, la jeune femme aura vingt ans dans quelques semaines. Une vingtaine d'années qui ne sont, ici, évoquées que par bribes ou flash-back extrêmement rapides, mais n'en demeurent pas moins essentielles pour comprendre le personnage, son évolution et cet inextinguible appétit de vivre, d'aimer et d'être aimée – qui fera dire à Bruno Coquatrix : « Elle s'est vengée toute sa vie d'une jeunesse épouvantable. »

Épouvantable ! L'adjectif n'est guère exagéré, même si, parfois, quelques instants de relatif bonheur viennent tempérer le tableau.

Lorsque Édith Giovanna Gassion naît, le 19 décembre 1915, l'Europe est ravagée par l'une des plus effroyables guerres de toute l'histoire de l'humanité. Les hommes sont au front, enterrés dans la boue des tranchées, et à l'arrière les civils se débrouillent comme ils peuvent pour survivre.

Anita Maillard, dite Line Marsa, est chanteuse des rues. Enfant de la balle, d'origine kabyle, elle est la fille d'une artiste de cirque ambulant qui présente un numéro de puces savantes sous le pseudonyme d'Aïcha[1]. Elle fête ses dix-neuf ans, le jour de la mobilisation générale, lorsqu'elle épouse[2] un acrobate-contorsionniste, rencontré à la Foire de Paris, Louis Gassion, un fort bel homme qui ne compte plus les bonnes fortunes féminines.

Quand son épouse Anita le prévient qu'elle est sur le point d'accoucher, Louis se débrouille pour obtenir une permission. Même s'il arrive à Paris quelques jours avant la date fatidique, rien ne permet d'affirmer qu'il ait été présent au moment de l'accouchement de sa femme, à l'hôpital Tenon – peut-être était-il, effectivement, en train de fêter l'événement dans les bars du quartier.

La petite fille qui naît, en cette presque veille de Noël, sera baptisée Édith Giovanna. Édith en hommage à Edith Cavell, une infirmière anglaise installée en Belgique et fusillée par les Allemands, le 12 octobre 1915, pour avoir organisé une filière d'évasion des blessés alliés recueillis dans son hôpital. L'affaire, à l'époque, fit grand bruit, et la brave infirmière devint une sorte d'héroïne populaire. Quant à Giovanna – un prénom qu'Édith détestera toujours –, c'est tout simplement, selon une pratique assez courante à l'époque, le second prénom de sa mère, née en Italie bien que n'ayant aucune famille d'origine transalpine.

Quelques jours après la naissance d'Édith, Louis Gassion retourne au front. Il ne reverra sa fille

1. De son vrai nom Emma Saïd Ben Mohamed, Aïcha est née à Mogador (Maroc) le 10 décembre 1876. Elle serait morte en 1930.
2. Louis Gassion et Anita Maillard se sont mariés à Sens (Yonne), le 4 août 1914.

qu'en 1917, à l'occasion d'une nouvelle permission. Rapidement l'enfant encombre sa mère qui, n'ayant d'autres ressources que celles procurées par le chant, ne sait que faire de ce fardeau. Pour être plus libre de ses mouvements, elle confie le bébé à sa grand-mère Aïcha, qui habite un taudis de la rue Rébeval, une artère étroite et sinueuse coupant la rue de Belleville à proximité du fameux numéro 72. Malgré ses origines kabyles, les préceptes du Coran n'ont pas empêché Aïcha de sombrer dans l'alcoolisme le plus noir. Lorsque Louis Gassion revient à Paris après deux années d'absence, il découvre avec effarement que les biberons de sa fille sont coupés au vin rouge, sous prétexte que cela fortifie l'enfant et tue les microbes. De plus, la fillette est d'une maigreur et d'une saleté effrayantes : allant pieds nus hiver comme été, elle est couverte de vermine et de croûtes.

Il décide alors de confier l'enfant à sa propre mère, Louise, qui habite à Bernay, dans l'Eure, où le climat devrait être meilleur pour cette petite chose squelettique qu'est devenue Édith. Issue d'une famille de vingt-deux enfants, Louise – qui en aura elle-même quatorze – exerce la profession de cuisinière… dans un bordel tenu par une de ses cousines. L'histoire ressemble déjà à une de ces chansons que l'on dit « réalistes ». Car les prostituées de l'établissement sont ravies d'accueillir la fillette sur laquelle elles peuvent reporter leur instinct maternel trop souvent frustré. Pour Édith, c'est une période heureuse. Tout le monde s'occupe d'elle et la dorlote. Une photo de cette époque nous montre d'ailleurs une belle petite fille aux joues pleines et au regard immense, posant comme une enfant modèle avec un beau ruban clair dans les cheveux. Cependant, suite à une kératite mal soignée, Édith devient presque aveugle. Tout Bernay se sent concerné. Un médecin, client habituel de la « maison » de la rue Saint-Michel, prescrit des gouttes pour les yeux et le port d'un bandeau noir pendant plusieurs semaines, qui finiront par devenir plusieurs mois.

Le grand poète anglais William Blake disait que « les bordels [se construisent] avec les briques de la religion ». Dans ce cas précis, la chose est on ne peut plus juste. Malgré les anathèmes du curé local, les pensionnaires de la rue Saint-Michel vivent dans la foi ; si bien que, déterminées à donner un coup de pouce divin à la médecine des hommes, elles décident avec Louise d'organiser un pèlerinage à Lisieux. La scène est digne de *La Maison Tellier* de Maupassant : le jour dit, ces dames mettent leurs plus beaux atours, ferment l'établissement et s'en vont en carriole prier sainte Thérèse de rendre la vue à leur petite protégée.

Quelques semaines plus tard, le traitement du docteur libertin finissant par porter ses fruits, Édith put enfin enlever son bandeau. Elle voit ! Et chacun – ou plutôt chacune – de crier au miracle en louant la sainte de Lisieux.

Il s'agit là du deuxième temps fort de la légende de Piaf. Un « miracle » auquel elle croira elle-même mordicus, au point de ne jamais se séparer d'un portrait de la sainte, qu'elle ira prier avant chaque événement majeur – comme une première à l'Olympia, par exemple, ou les combats importants de Marcel Cerdan –, ni d'une médaille en or à l'effigie de sa protectrice, qu'elle portera autour du cou jusqu'à sa mort. Avec le temps, les interviews, les articles à sensation et les biographies qui se répètent à l'infini, la simple kératite deviendra une cécité complète. Édith elle-même parlera du temps où elle était « aveugle », et le « miracle » sera définitivement entériné comme tel.

Ayant retrouvé la vue, la fillette fréquente un peu l'école Paul-Bert de Bernay, jusqu'au jour où son père vient la reprendre pour l'associer au spectacle ambulant qu'il présente. Elle n'a alors que sept ans et ne sait rien faire qui puisse distraire les foules, mais Louis Gassion pense que le fait de faire passer le chapeau par une si jeune enfant ne pourra qu'émouvoir le public et gonfler la recette.

Pudiquement, dans les pages qui suivent, Édith Piaf confesse : « Le père Gassion n'était pas un tendre. J'ai reçu ma part de taloches, largement servie. Je n'en suis pas morte. » En fait, les divers témoignages que nous avons sur cette époque se rejoignent pour confirmer que l'acrobate avait la main plus que leste, et qu'Édith se faisait rouer de coups plus souvent qu'à son tour. Cela a son importance, car c'est une « habitude » dont elle ne se défera jamais... Et ce n'est certes pas par hasard ou par commodité de langage que nous évoquions plus haut l'indéniable masochisme de la chanteuse.

Dormant le plus souvent à la belle étoile ou dans des arrière-salles de bistrots, parfois dans de minables chambres d'hôtel – quand la manche avait bien donné ou que Louis Gassion s'était trouvé une conquête d'une nuit –, le père et la fille vécurent ainsi huit années d'une bohème aventureuse et misérable, ne mangeant pas toujours à leur faim, mais ne manquant jamais de vin ni de mauvais cognac pour se réchauffer lorsque le froid se faisait trop vif. La gamine s'habitua progressivement à l'alcool, à un âge où l'on se contente plutôt de sirop allongé d'eau.

Il semble que cela soit un peu par hasard, au cours de ces années d'errance, qu'Édith découvrit le pouvoir de sa voix sur les foules. Toujours est-il qu'après cette première expérience le père et la fille s'aperçoivent que la recette est meilleure que d'habitude. Désormais, Édith chantera donc à la fin de chaque représentation, juste avant de passer le chapeau. Gagnant en assurance et enrichissant son répertoire d'airs à la mode, elle partagera encore un certain temps la vie de son père, jusqu'à ce qu'elle décide de voler de ses propres ailes, à tout juste quinze ans.

Les années qui suivent sont difficiles. Édith vit au jour le jour, chantant dans les rues et dans les cours d'immeubles, en compagnie de son amie Momone[1]. Les hivers surtout sont particulièrement rudes car, en raison du froid, les gens n'ouvrent pas leurs fenêtres, ce qui rend vain d'aller chanter dans les cours. Seule reste la rue… à condition bien sûr d'éviter les représentants de la maréchaussée qui n'aiment pas les attroupements, dispersent le public et font énergiquement circuler les saltimbanques.

Pour contourner le problème, Édith a l'idée d'aller chanter dans les casernes. Sans doute faut-il chaque fois demander l'autorisation du colonel,

---

1. Simone Berteaut, dite Momone, est l'auteur de *Piaf* (Paris, Éditions Robert Laffont, 1969), un livre de souvenirs contesté par les proches de la chanteuse. Momone prétendait en effet être la demi-sœur d'Édith, ce qui a toujours été formellement démenti par les membres d'une famille, il faut bien le dire, éclatée.

mais, lorsque cela marche, le public est assuré et le lieu de la représentation – la cantine ou le foyer – chauffé.

L'adolescente est alors en pleine période d'éveil de sa sexualité et ces hommes, bien nourris, propres et virils, dans leur uniforme de marin, de légionnaire ou de spahi, la troublent. Il n'est guère besoin de chercher plus loin les origines de ces fantasmes de « fille à soldat » qu'Édith Piaf cultivera toute sa vie et que l'on retrouve dans nombre de ses chansons.

Au printemps 1932, elle emménage avec un jeune garçon livreur, Louis Dupont, dont elle aura bientôt une petite fille, qui sera prénommée Marcelle. La paie de « P'tit Louis » ne suffisant pas à subvenir aux besoins de trois estomacs affamés, Édith retourne chanter dans les rues, son bébé dans les bras. Lorsqu'on imagine la scène, cela peut sembler mélodramatique, mais Édith, qui avait été marquée par l'abandon de sa mère, ne voulait à aucun prix se séparer de son enfant.

Pourtant, malgré la bonne volonté qui les anime, ni Édith ni Momone ne savent s'occuper correctement d'un bébé – mais comment le pourraient-elles, elles qui n'eurent jamais de famille, et qui ne sont encore que deux grandes gosses ? Moins de dix-huit mois plus tard, la petite Cécelle est emportée par une méningite foudroyante. Déjà miné par les infidélités d'Édith, le couple ne résiste pas au drame et « P'tit Louis » disparaît pour ne jamais revenir. Sans le moindre sou pour payer les frais d'obsèques, Édith est alors obligée de se prostituer pour enterrer sa fille – nous avons vu, plus haut, comment l'histoire, enjolivée par Jean Noli, finira par devenir un des autres temps forts de la légende de la chanteuse.

Trop de mauvais souvenirs la rattachent à Belleville. Elle éprouve soudain le besoin de changer d'air et décide de s'installer à Pigalle. Ses fréquentations changent alors du tout au tout, et elle tombe plus ou moins sous la coupe du milieu. Non pas celui des truands de haut vol, mais des petits marlous sans envergure, des casseurs minables, des braqueurs à la petite semaine, des surineurs furtifs... Un souteneur, devenu son amant, essaie de la mettre sur le trottoir. Malgré les corrections d'usage, elle fait front et tient bon, jusqu'à ce que soit conclu un arrangement particulier : elle continuera à chanter dans les rues, puisqu'elle ne veut rien faire d'autre, mais elle sera tenue de verser chaque soir à son protecteur la même somme qu'une gagneuse en bonne santé.

Ces années Pigalle pèseront lourd dans la vie d'Édith. Non seulement parce que ses accointances avec le milieu lui seront reprochées par la police, au lendemain de la mort de Louis Leplée, et qu'une certaine presse ne se gênera pas pour en faire ses gros titres. Mais surtout parce qu'elle développera dans son œuvre une mythologie personnelle, idéalisant le mauvais garçon et la fille des rues, au point d'en faire des archétypes de héros populaires, symboles d'une certaine conception de la liberté, un peu comme Aristide Bruant avait pu le faire à la fin du siècle précédent.

En revanche, grâce à ses nouvelles relations, la chanteuse décroche ses premiers engagements dans les boîtes de Pigalle, comme le Juan-les-Pins, le Tourbillon ou le Chantilly, et dans des bals musettes où elle se produit, selon l'humeur, sous des pseudonymes aussi variés que Tania, Denise Jay ou Huguette Hélia.

Mais, même si cette époque sera bientôt révolue, Édith appartient à la rue. Aussi ne manque-t-elle pas d'y retourner, entre deux engagements, pour pousser la goualante en respirant l'air du trottoir, chaque fois que l'envie s'en fait sentir.

Et c'est de la rue que viendra la grande chance de sa vie. Celle qui décidera de son avenir sur un coup de pouce du destin, comme il arrive parfois – les vrais joueurs le savent bien – que les cartes pourries de la première donne se transforment en une main gagnante.

La scène se passe par un après-midi d'octobre de l'année 1935. Dans un peu moins de deux mois, Édith aura vingt ans. Ce jour-là, avec Momone, elles ont décidé de faire les beaux quartiers et se sont installées à l'angle de la rue de Troyon et de l'avenue Mac-Mahon, à un jet de pierre de la place de l'Étoile. Parmi les badauds qui les entourent, un homme élégant l'écoute avec une attention toute particulière et profite du moment où Momone fait la quête pour se présenter…

Mais ne nous privons pas du plaisir d'écouter Édith nous raconter la suite…

Marc ROBINE

Préface

J'aime beaucoup la façon désinvolte avec laquelle Stendhal emploie le mot génie. Il trouve du génie à une femme qui monte en voiture, à une femme qui sait sourire, à un joueur de cartes qui laisse gagner son adversaire. Bref, il ne laisse pas le mot dans les hauteurs. Je veux dire par là que ces femmes et que ce joueur réunissent en une seconde toutes les puissances confuses qui composent la grâce et qu'ils les mettent à l'extrême pointe. Laissez-moi adopter le style de Stendhal pour vous dire que Mme Édith Piaf a du génie. Elle est inimitable. Il n'y a jamais eu d'Édith Piaf, il n'y en aura plus jamais. Comme Yvette Guilbert ou Yvonne George, comme Rachel ou Réjane, elle est une étoile qui se dévore dans la solitude nocturne du ciel de France. C'est elle que contemplent les couples enlacés qui savent encore aimer, souffrir et mourir.

Regardez cette petite personne dont les mains sont celles du lézard des ruines. Regardez son front de Bonaparte, ses yeux d'aveugle qui vient de retrouver la vue. Comment chantera-t-elle ? Comment s'exprimera-t-elle ? Comment sortira-t-elle de sa poitrine étroite les grandes plaintes de la nuit ? Et voilà qu'elle chante ou, plutôt, qu'à la mode du rossignol d'avril elle essaie son chant d'amour.

Avez-vous entendu ce travail du rossignol ? Il peine. Il hésite. Il racle. Il s'étrangle. Il s'élance et il retombe. Et soudain il trouve. Il vocalise. Il bouleverse.

Très vite, Édith Piaf, qui se tâte et qui tâte son public, a trouvé son chant. Et voilà qu'une voix qui sort des entrailles, une voix qui l'habite des pieds à la tête, déroule une haute vague de velours noir. Cette vague chaude nous submerge, nous traverse, pénètre en nous. Le tour est joué. Édith Piaf, comme le rossignol invisible, installé sur sa branche, va devenir elle-même invisible. Il ne restera plus d'elle que son regard, ses mains pâles, ce front de cire qui accroche la lumière et cette voix qui gonfle, qui monte, qui monte, qui peu à peu se substitue à elle et qui, grandissant comme son ombre sur un mur, remplacera glorieusement cette petite fille timide. De cette minute le génie de Mme Édith Piaf devient visible, et chacun le constate. Elle se dépasse. Elle dépasse ses chansons, elle en dépasse la musique et les paroles. Elle nous dépasse. L'âme de la rue pénètre dans toutes les chambres de la ville. Ce n'est plus Mme Édith Piaf qui chante : c'est la pluie qui tombe, c'est le vent qui souffle, c'est le clair de lune qui met sa nappe.

La « Bouche d'ombre ». Le terme a l'air d'avoir été inventé pour cette bouche oraculeuse.

Jean Cocteau

Le long de l'herbe,
L'eau coule et fait des ronds,
Le ciel superbe
Éblouit les environs.
Le grand soleil joue aux boules
Avec les pommiers fleuris,
Les bals devant l'eau qui coule
Rabâchent des airs de Paris…

Danse, danse au bal de la chance,
Danse, danse, ma rêverie !

L'amour, ça coule au fil de l'eau !
Danse, danse, au bal de la chance,
Danse, danse, mon cœur d'oiseau !

I

Mais un beau jour rempli d'étoiles
Mon ciel tout bleu sera sans voile...
Adieu les cieux couverts de pluie
D'un coup s'éclaircira ma vie.

« Un coin tout bleu »
É. PIAF – M. MONNOT, 1942[1]

Ces souvenirs – que je veux conter un peu au hasard de la mémoire –, pourquoi ne commenceraient-ils pas le jour où le Destin m'a prise par la main pour faire de moi la chanteuse que je devais devenir ?

C'était quelques années avant la guerre, dans une rue voisine de l'Étoile, une rue banale et sans passé, la rue Troyon. En ce temps-là, je chantais au hasard de ma route, accompagnée d'une camarade qui sollicitait les passants de sa petite main tendue.

Ce jour-là – un maussade après-midi d'octobre, en 1935 –, nous opérions à l'angle de la rue Troyon et de l'avenue Mac-Mahon. Pâle, mal peignée, les mollets nus, flottant dans un manteau aux coudes troués dont les pans me tombaient sur les chevilles, je chantais un refrain de Jean Lenoir :

1. Le titre de la chanson, son auteur et son compositeur ne figuraient pas dans l'édition de 1958. Nous avons jugé utile de les mentionner et tenons à remercier l'association « Les amis d'Édith Piaf » de nous avoir communiqué ces informations. *(N.d.É.)*

Elle est née comme un moineau,
Elle a vécu comme un moineau,
Elle mourra comme un moineau[1] *!*

Quand j'eus fini, tandis que mon amie sollicitait « l'honorable société », je vis venir à moi un homme à l'allure de grand seigneur. Je l'avais remarqué tandis que je chantais. Il m'avait écoutée avec beaucoup d'attention, mais en fronçant le sourcil.

Il s'arrêta devant moi. Je fus frappée par la couleur bleu tendre de ses yeux et la douceur un peu triste de son regard.

— Tu n'es pas un peu folle ? me dit-il sans préambule. Tu vas te casser la voix !

Je ne répondis pas. Évidemment, je n'ignorais pas tout à fait qu'une voix pouvait « se casser », mais la chose ne me tracassait pas : j'avais d'autres soucis, plus immédiats et plus pressants. Il poursuivit :

— Tu es complètement idiote !... Tu devrais te rendre compte...

Il était bien rasé, bien habillé et il avait l'air gentil, mais il ne m'impressionnait pas. Gosse de Paris, j'avais les réactions vives et la repartie prompte. Je haussai les épaules.

— Il faut bien que je mange !

— Bien sûr, mon petit... Seulement, tu pourrais travailler autrement. Avec la voix que tu as, pourquoi ne chantes-tu pas dans un cabaret ?

---

1. Il existe effectivement une chanson de Jean Lenoir (pour la musique, sur des paroles de Marc Hély) intitulée « Comme un moineau ». Cette chanson a été enregistrée par Fréhel en mai 1930, mais ses paroles sont différentes de celles rapportées ici. Soit Édith se trompe en essayant de citer de mémoire une chanson qu'elle n'a plus chantée depuis près de vingt-cinq ans, soit elle confond avec une autre chanson qui aurait un titre approchant, mais ne serait pas de Jean Lenoir.

J'aurais pu lui faire observer que, vêtue comme je l'étais, avec mon chandail troué, ma mauvaise petite jupe et mes souliers trop grands pour moi de deux bonnes pointures, je ne pouvais me présenter nulle part, mais je me contentai de lui répondre :

— Parce que je n'ai pas de contrat !

Et j'ajoutai, gouailleuse et effrontée :

— Si vous en avez un à m'offrir...

— Et si je te prenais au mot ?

— Essayez toujours !... Vous verrez bien !...

Là-dessus, il a eu un petit sourire amusé et il m'a dit :

— Bon, on va essayer. Je m'appelle Louis Leplée et je dirige Le Gerny's. Tu viendras lundi à quatre heures. Tu me chanteras toutes tes chansons... et nous verrons ce qu'on peut faire de toi[1].

Tout en parlant, il avait griffonné son nom et son adresse dans la marge du journal qu'il tenait à la main. Il déchira le morceau de papier et me le

---

1. Rien n'est jamais certain en ce qui concerne la vie et la légende d'Édith Piaf et, bien que cette anecdote soit à peu près admise par tout le monde de manière indiscutable – y compris par les proches collaborateurs et les intimes de la chanteuse –, l'excellent Jacques Primack – l'un des plus fins et des plus sûrs connaisseurs de l'histoire de la chanson française de cette époque – nous suggère quand même l'éventualité d'une rencontre moins hasardeuse et moins romanesque : « La mère de Piaf, Line Marsa [...], elle-même chanteuse [...], passait à la même époque dans un cabaret de Leplée. Ne pouvait-elle pas recommander sa fille au patron ? » Certes ! Mais une telle hypothèse ne tient pas compte du fait que les deux femmes étaient brouillées et n'avaient pratiquement aucune relation depuis que la mère avait délaissé sa fille à la naissance. Dès lors, on l'imagine mal lui donnant un coup de pouce professionnel près de vingt ans plus tard, alors qu'elles étaient, cette fois, en situation de rivalité.

remit, avec un billet de cinq francs. Puis il s'éloigna, non sans m'avoir dit une fois encore :

— Lundi, quatre heures. N'oublie pas !

Je fourrai le bout de papier et le billet dans ma poche et je me remis à chanter. L'homme m'avait amusée, mais son histoire, je n'étais pas très sûre d'y croire.

Et, le soir, lorsque je regagnai avec mon amie la chambre-placard que nous habitions dans un hôtel minable de la rue Orfila, j'avais déjà décidé que je n'irais pas au rendez-vous.

Le lundi, ce rendez-vous, je l'avais complètement oublié. Et j'étais encore couchée, tard dans l'après-midi, quand je me souvins brusquement de ma conversation avec l'homme de la rue Troyon.

— Tiens, dis-je, c'est aujourd'hui que je devais aller voir le monsieur qui m'a demandé pourquoi je ne fais pas de cabaret !

Quelqu'un qui était là me dit :

— À ta place, j'irais. On ne sait jamais !

J'ai ricané.

— Peut-être ! Mais, moi, je n'y vais pas. Je ne crois plus au père Noël...

Pourtant, une heure plus tard, je m'habillais rapidement et, en courant, j'allais prendre le métro. Pourquoi m'étais-je ravisée ? Aucune idée. Quand il songe au gangster qu'il aurait pu devenir et à tous les pièges que la vie lui a tendus et qu'il a évités sans aucun mérite de sa part, uniquement « parce que ça s'est trouvé comme ça », quand il pense à toutes les chances heureuses dont il a bénéficié, l'ex-champion du monde de boxe « Rocky » Marciano dit qu'il doit y avoir « là-haut » quelqu'un qui l'aime bien. Je reprendrais volontiers le propos à mon compte. J'allais à ce rendez-vous sans rien espérer, persuadée que je perdais mon temps… et pourtant, maintenant, pour rien au monde je n'aurais voulu le manquer.

Le Gerny's se trouvait au 54 de la rue Pierre-Charron. Quand j'arrivai, il était cinq heures. Leplée m'attendait sur le pas de la porte. Il jeta un coup d'œil sur la montre qu'il avait au poignet.

— Une heure de retard, dit-il. Ça promet ! Qu'est-ce que ce sera quand tu seras vedette !

Je me gardai de répliquer et je le suivis, pénétrant pour la première fois – en fin d'après-midi, il est vrai – dans une de ces boîtes de nuit élégantes qui, pour la petite fille pauvre que j'étais, représentaient l'expression suprême du luxe. Ces cabarets, où l'on se nourrissait de champagne et de caviar – je n'imaginais pas qu'on y pût servir autre chose –, appartenaient à un univers dont mes pareils étaient exclus.

La salle était vide et plongée dans la pénombre, à l'exception d'un angle, dans lequel j'apercevais le piano. Il y avait là deux personnes : une dame, de qui je sus plus tard qu'elle était la femme d'un médecin, et le pianiste, déjà installé au clavier. Un as. Heureusement, car je ne possédais pas de musique, ce qui ne l'empêcha pas de m'accompagner, et fort bien, autant que j'en puisse juger rétrospectivement. Je débitai à Leplée tout mon répertoire : d'une étonnante variété et, pour tout dire, plus hétéroclite que « composé », il allait des âpres refrains de Damia aux mélodies douceâtres de Tino Rossi. Leplée m'arrêta quand, en ayant fini avec les chansons, j'allais aborder les airs d'opéra.

Intimidée au début, j'avais vite pris de l'assurance. Après tout, qu'est-ce que je risquais ? Et puis, quelques mots d'encouragement de Leplée m'ayant récompensée de mon premier effort, j'avais mis tout mon cœur dans mes chansons. Moins peut-être pour décrocher un engagement, à mes yeux toujours très improbable, que pour faire plaisir à ce monsieur qui voulait bien s'intéresser à moi et avec qui je me sentais maintenant en confiance et presque en sympathie.

Ayant donc refusé de m'entendre dans *Faust*, Leplée vint à moi et, posant la main sur mon épaule dans un geste affectueux qui me surprit, il me dit :

— C'est très bien, mon petit, et tu arriveras, j'en ai la conviction. Tu débuteras ici vendredi, à quarante francs par jour. Seulement, ton répertoire, ce n'est pas ça... Tu as un genre. Il te faut des chansons allant avec ta personnalité. Tu vas m'en apprendre quatre *: Nini Peau d' chien, Les Mômes de la cloche, La Valse brune* et *Je me fais toute petite.* Tu les sauras pour vendredi ?

— Bien sûr !

— Autre chose ! Tu n'as pas une autre robe que celle-là ?

— J'ai une jupe noire qui est mieux que celle-ci et je suis en train de me tricoter un pull-over. Mais il n'est pas fini...

— Penses-tu l'avoir terminé pour vendredi ?

— Oh ! certainement.

Je n'en étais pas tellement sûre, mais la réponse était venue tout de suite et sur le ton convenable. Je n'allais pas risquer de tout compromettre pour un détail à mes yeux de minime importance.

— Bien, dit Leplée. Tu répéteras ici demain à quatre heures.

Une lueur de malice dans les yeux, il ajouta :

— Et arrive plutôt avant six heures ! À cause du pianiste...

J'allais partir. Il me retint.

— Au fait, comment t'appelles-tu ?

— Édith Gassion.

— Ce n'est pas un nom de théâtre

— Je m'appelle aussi Tania.

— Si tu étais russe, ce ne serait pas mal...

— Et aussi Denise Jay...

Il fit la moue.

— Et c'est tout ?

— Non. Il y aussi Huguette Hélia...

C'était un nom sous lequel j'étais connue dans les bals musettes. Leplée le jugea aussi sévèrement que les autres.

— Pas fameux !

Il me regarda un long moment, songeur, puis il dit :

— Tu es un vrai moineau de Paris, et le nom qui t'irait, ce serait Moineau. Malheureusement, la môme Moineau, c'est déjà pris[1] ! Il faut chercher

1. Lucienne Garcia, née à Reims vers 1905 (date incertaine). Après que ses parents se furent installés à Malakoff, elle commence très jeune à chanter dans les rues de Paris, tout en vendant des fleurs. Remarquée par le propriétaire du cabaret Chez Fysher – qui la baptise La Môme Moineau –, elle y fait ses débuts vers la fin des années 20, mais se produit le plus souvent au Liberty's, fameuse boîte de Pigalle essentiellement fréquentée par les homosexuels et les mondains, et que Louis Leplée a dirigée pendant un certain temps avant d'y conserver ses habitudes. Repérée par un impresario américain de passage, elle se produit pendant deux ans à New York où, après bien des avatars dignes des pires romans à l'eau de rose, elle épouse un milliardaire originaire de Porto Rico. Dorénavant, et jusqu'à sa mort (survenue le 18 janvier 1968), les gazettes parleront plus volontiers de ses frasques de milliardaire excentrique que du déclin d'une carrière qui nous a pourtant laissé quelques enregistrements non dénués d'intérêt.

autre chose… Un moineau, en argot, c'est un piaf. Pourquoi ne serais-tu pas la môme Piaf ?

Il réfléchit quelques secondes encore, puis il reprit :

— C'est décidé ! Tu seras la môme Piaf !

J'étais baptisée pour la vie.

J'arrivai à l'heure, et même un peu en avance, à la répétition du lendemain. J'y trouvai Leplée, en compagnie de la comédienne Yvonne Vallée, de qui je savais qu'elle avait paru en vedette au Palace et au Casino de Paris, aux côtés de Maurice Chevalier. Leplée avait dû lui parler de moi comme il savait parler de ceux qu'il aimait, car elle se montra à mon égard d'une gentillesse que je puis bien aujourd'hui qualifier d'émouvante. J'étais vêtue comme une pauvresse. Elle n'eut pas l'air de s'en apercevoir et, dès la première minute, me traita comme une camarade de métier, comme une artiste. Je veux qu'elle sache que je ne l'ai pas oubliée et que je lui en garde une profonde reconnaissance.

Quand j'eus terminé, elle me félicita, me prédit « une carrière », puis, se tournant vers Leplée, elle dit :

— Cette petite, je veux lui faire son premier cadeau d'artiste. Les chanteuses réalistes croient toutes qu'elles ne peuvent se passer d'un foulard rouge. C'est une mode absurde… et je suis contre. La môme Piaf n'aura pas de foulard rouge…

Sur quoi, Yvonne Vallée vint à moi et me donna son écharpe.

Une magnifique écharpe de soie blanche.

Qui m'a été bien utile le soir de mes débuts…

Le vendredi arriva. Je n'étais pas tout à fait prête.

Pour le répertoire, j'étais parée. J'avais appris trois des chansons que Leplée m'avait choisies. La quatrième, *Je me fais toute petite*, une création de Mistinguett, n'avait pas voulu m'entrer dans la tête, sans doute parce qu'elle ne me plaisait pas, et je ne devais jamais la savoir. Il était convenu que je m'en tiendrais à trois chansons. De ce côté, tout allait bien.

Mais mon pull-over n'était pas terminé ! Il lui manquait une manche. Je l'avais apporté quand même et, depuis mon arrivée, installée dans les lavabos, je tricotais fébrilement, tout en repassant mentalement les paroles des *Mômes de la cloche* et de *Nini Peau d' chien*. Toutes les cinq minutes, Leplée entrebâillait la porte.

— Alors, elle est finie, cette manche ?

— Presque...

Le spectacle, cependant, était commencé depuis longtemps, et le moment finit par venir où il devenait impossible de différer encore mon tour de chant. Au Gerny's, le vendredi était le jour chic. Leplée avait voulu présenter sa dernière « découverte » au Tout-Paris, mais elle n'était qu'une « attraction » dans un programme chargé, et il ne pouvait être question de la faire passer après les vedettes de la maison.

Estimant avoir assez patienté, Leplée vint me chercher.

— C'est à toi !... Viens !

— Mais...

— Je sais. Enfile ton pull ! Tu chanteras comme ça...

— Mais il n'a qu'une manche !

— Et alors ? Tu cacheras ton autre bras avec ton écharpe. Fais peu de gestes, bouge le moins possible, ne gesticule pas et tout ira bien !

Il n'y avait rien à répliquer. Deux minutes plus tard, j'étais prête à paraître pour la première fois devant un vrai public.

Leplée m'annonça lui-même.

— Il y a quelques jours, dit-il, je passais rue Troyon. Sur le trottoir, une petite fille chantait, une petite fille au visage pâle et douloureux. Sa voix m'a pris aux entrailles. Elle m'a ému, elle m'a bouleversé, et, cette enfant de Paris, j'ai voulu vous la faire connaître. Elle n'a pas de robe du soir et, si elle sait saluer, c'est parce que je le lui ai appris hier. Elle va se présenter à vous telle qu'elle était quand je l'ai rencontrée dans la rue : sans maquillage, sans bas, avec une petite jupe de quatre sous... Voici la môme Piaf.

J'entrai là-dessus, dans un silence qui me glaça et dont je n'eus l'explication que par la suite, beaucoup plus tard. Ce silence, ce n'était pas une manifestation d'hostilité. C'était simplement la réaction normale de gens bien élevés qui se demandaient si leur hôte n'était pas subitement devenu fou. Des gens aussi qui, venus au cabaret pour oublier leurs soucis, n'étaient peut-être pas tellement contents qu'on leur rappelât qu'il y avait sur terre, et tout près de chez eux, pas à l'autre bout du monde, des fillettes comme moi, qui ne mangeaient jamais à leur faim et crevaient de misère. Avec mes pauvres nippes et mon visage de fantôme, je détonnais dans ce cadre élégant. Et, s'ils s'en apercevaient, eux, j'en avais conscience, moi aussi : je me sentais brusquement paralysée par le trac, cette chose terrible dont, une minute plus tôt, je ne soupçonnais même pas l'existence.

J'aurais volontiers fait demi-tour, mais il se trouve que je ne suis pas de celles qui renoncent.

La difficulté me stimule, au contraire, et c'est lorsque je vais me croire vaincue que je retrouve, je ne sais où, les forces qui me permettent de continuer la lutte. Je restai donc. Je m'adossai à une colonne et, les mains derrière le dos, la tête rejetée en arrière, je commençai à chanter :

C'est nous les mômes, les mômes de la cloche,
Clochards qui s'en vont, sans un rond en poche,
C'est nous les paumées, les purées d'paumées,
Qui sommes aimées un soir, n'importe où...

On m'écoutait. Peu à peu, ma voix s'affermit, une sorte d'assurance me vint et je me risquai à regarder la salle. Je vis des visages attentifs et même graves. Pas un sourire. Je me sentis réconfortée. Je « tenais » mon public. Je continuai de chanter et, à la fin du dernier refrain, oubliant l'immobilité à laquelle me condamnait mon pull-over inachevé, je fis un geste, un seul : je levai les deux bras. L'inspiration n'était pas mauvaise, mais le résultat fut fâcheux. Mon écharpe, la belle écharpe d'Yvonne Vallée, glissa de mon épaule et tomba à mes pieds.

Je rougis de honte. Tous ces gens savaient maintenant que mon pull-over n'avait qu'une manche. Des larmes me vinrent aux yeux. Mon rêve s'achèverait en désastre. Quelqu'un allait éclater de rire et je regagnerais les coulisses sous les huées...

Personne ne devait rire. Il y eut un long silence, un silence dont je ne saurais évaluer la durée, mais qui pour moi s'étira de façon interminable. Puis, tout à coup, des applaudissements claquèrent. Est-ce Leplée qui les avait provoqués ? Je l'ignore, mais je sais qu'ils partaient de partout et que jamais bravos ne m'ont été plus doux. Je revenais de loin. J'avais craint le pire, et on me faisait « un succès à n'en plus finir ». J'en aurais pleuré…

Et soudain, dans le silence revenu, comme j'allais annoncer ma deuxième chanson, une voix s'éleva qui disait :

— Elle en a plein le ventre, la môme !

C'était Maurice Chevalier.

J'ai depuis reçu bien des compliments. Il n'en est pas dont je me souvienne avec plus de plaisir.

Mon « tour » achevé, ma joie tomba. C'était trop beau ! J'étais gosse, mais la vie m'avait déjà passablement malmenée et je me méfiais.

Quand on vous a bien cogné dessus, on ne s'habitue pas tout de suite à ne plus recevoir de coups. Allons, ces gens-là s'étaient moqués de moi : ils m'avaient applaudie par dérision…

Leplée me détrompa. Il rayonnait.

— Tu les as eus, me répétait-il. Et tu les auras demain, et tous les jours qui suivront !

Il était bon prophète, et je ne veux pas tarder plus longtemps pour dire tout ce que je dois à Louis Leplée. Mon père, certes, m'avait donné le goût de la chanson, mais c'est Leplée qui fit de moi une chanteuse. Une chanteuse à qui il restait beaucoup à apprendre, mais à qui il sut enseigner l'essentiel. C'est lui qui me donna les premiers conseils, et les meilleurs. Il me semble l'entendre encore :

— Ne fais pas de concessions au public ! Le grand secret, vois-tu, c'est d'être soi-même. Sois toi-même !

De nature très indépendante, je n'aimais pas les conseilleurs. Mais Leplée me portait une telle affection, il avait pour moi de telles attentions, et si touchantes, que je n'eus jamais contre lui le moindre mouvement de révolte et que le moment vint vite où, tout naturellement, je me mis à l'appeler « papa ».

Je chantais chez lui tous les soirs. Leplée et ses amis me faisaient la plus adroite des publicités parlées. J'étais inconnue, ma photographie n'avait jamais été publiée dans les journaux et pourtant on se déplaçait pour m'entendre. Le Gerny's était une « boîte » à la mode et je devais y voir défiler tous les personnages en vue de l'époque : des ministres (dont l'un au moins devait très mal finir), de riches étrangers de passage, des turfistes, des banquiers, des avocats en renom, des industriels, des écrivains et, bien entendu, des comédiens, vedettes de la scène ou de l'écran. En véritable « titi » parisien, je m'étais très vite adaptée à la situation et, un peu grisée peut-être par un succès dont le côté artificiel m'échappait, moi qui huit jours plus tôt « poussais la goualante » dans les rues comme la Fleur-de-Marie d'Eugène Sue[1], je trouvais tout naturel d'être applaudie tous les soirs par le plus blasé des publics.

Évidemment, je ne me rendais pas compte. Leplée me signalait la présence de Mistinguett ou de Fernandel dans la salle. Je disais : « Ah ? » et, sans rien perdre de mes moyens, avec la belle assurance de l'inconscience, j'allais chanter mes chansons. Sûre de moi, malgré le projecteur qui

1. Fleur-de-Marie est l'héroïne principale du roman d'Eugène Sue, *Les Mystères de Paris*, paru en feuilleton dans le *Journal des Débats*, entre 1842 et 1843. Réuni par la suite en dix volumes, l'ensemble connut un immense succès populaire.

m'aveuglait. Si j'avais soupçonné tout ce qu'il me restait à découvrir du métier que je prétendais exercer, je serais demeurée sans voix et, plutôt que de comparaître devant de tels juges, sans doute aurais-je pris la fuite…

Mais je ne cherchais pas si loin. Je savourais le bonheur, pour moi tout neuf, d'être enfin « une artiste » – du moins, je le croyais – et de recevoir des hommages qui me payaient de tous mes jours de misère. Le bonheur aussi – pourquoi le cacherais-je ? – d'avoir un peu d'argent. Leplée, après quelques jours, m'avait autorisée à faire la quête. Mon « tour » terminé, je circulais parmi les tables. Les clients se montraient généreux, et l'un d'eux, un soir, le fils du roi Fouad, me remit un billet de mille francs. C'était, sinon le premier que je voyais, du moins le premier qui m'appartenait en propre…

Parmi tous les beaux souvenirs que j'ai gardés de cette période de ma vie, il en est un qui m'est particulièrement cher. Je le dois à Jean Mermoz, l'illustre aviateur, celui que ses camarades de la Ligne appelaient l'Archange. Mermoz, un soir, m'invita à m'asseoir à sa table. D'autres avaient fait de même avant lui, mais avec la cavalière désinvolture de clients au portefeuille garni qui font bien de l'honneur à une petite chanteuse de rien du tout en lui procurant l'occasion de les distraire un instant. Mermoz, lui, vint à moi et me dit, je ne l'ai jamais oublié :

— Me ferez-vous le plaisir, mademoiselle, d'accepter une coupe de champagne ?

Je le regardai, éberluée. Je devais avoir l'air stupide. C'était la première fois qu'on m'appelait « Mademoiselle » !

Et je connus, quelques instants plus tard, une autre grande joie quand Mermoz acheta à la bouquetière tout son panier de fleurs pour me l'offrir. C'était la première fois qu'on m'offrait des fleurs !

La courtoisie d'un Mermoz me surprenait d'autant plus que certains habitués de la maison ne m'acceptaient qu'à contrecœur. Je me souviens, notamment, d'un metteur en scène connu (de qui je tairai le nom) qui alla jusqu'à conseiller à Leplée de me mettre à la porte, purement et simplement.

— Cette petite Piaf est d'une vulgarité révoltante, lui dit-il. Si tu ne la vires pas, les clients finiront par déserter ta boîte !

— Tant pis ! lui répondit Leplée. Je fermerai peut-être le Gerny's, mais je n'abandonnerai pas la gosse.

Il devait de même – mais je ne l'appris que beaucoup plus tard – renvoyer un de ses directeurs, le jour où celui-ci, qui me détestait pour des raisons que j'ignore aujourd'hui encore, lui dit :

— C'est Piaf ou moi, Leplée. Choisissez !

Leplée, qui m'aimait comme un père, ne cessait de me répéter que j'avais du talent, mais, quand je pense à la façon dont je chantais à l'époque, je suis obligée d'avouer que c'était là une affirmation très contestable. L'interprétation que je donnais de mes chansons n'intéressait qu'une partie de ceux qui m'écoutaient. Je devais le découvrir à l'occasion d'un « cachet » que j'allai faire chez Jean de Rovera, le directeur de *Comœdia*.

Donnant ce soir-là un grand dîner présidé par un ministre, Jean de Rovera (qui, de son vrai nom, s'appelait Courthiadès) avait imaginé de présenter à ses hôtes la pittoresque petite chanteuse qu'il avait entendue au Gerny's, cette môme Piaf qu'il fallait se hâter de voir avant qu'elle ne retournât aux bas-fonds d'où elle sortait. J'arrivai chez lui avec mon pull à col roulé, ma petite jupe de tricot et mon accordéoniste. Mes chansons ? On me les laissa chanter, mais on me fit vite comprendre qu'on attendait de moi autre chose. J'étais une manière de phénomène, un curieux échantillon d'humanité, et on ne m'avait fait venir que pour faire rire les invités. Ils étaient prévenus et je ne tardai pas à m'en apercevoir. J'ouvrais la bouche, je faisais une réflexion insignifiante, on s'esclaffait.

— Ce qu'elle est drôle !... Elle est impayable... Et nature, avec ça !

J'étais le clown de la soirée. On se moquait de moi, sans méchanceté, je le crois, mais avec une cruauté inconsciente qui me fit passer des instants affreux.

Quand je retrouvai Leplée, je tombai dans ses bras. J'étais en larmes.

— Si vous saviez, papa ! Tout le monde s'est moqué de moi... Je ne sais rien de rien, j'ai tout à apprendre... et je me prends pour une artiste !

Leplée me réconforta.

— Si tu as senti ça, ma petite fille, tout va bien. Quand on sait ce qu'il vous manque, on peut toujours l'obtenir. Question de volonté et de travail. Et, avec toi, je suis tranquille. Tu l'obtiendras !

II

J'ai rêvé de l'étranger
Et, le cœur tout dérangé
Par les cigarettes,
Par l'alcool et le cafard,
Son souvenir chaque soir
M'a tourné la tête...

« L'Étranger »
R. MALLERON et R. JUEL,
M. MONNOT, 1936

Installée dans ma vie toute neuve, je sentais confusément que j'avais bénéficié d'un coup de chance extraordinaire et qu'il dépendait de moi de ne pas être rejetée à l'existence misérable à laquelle Leplée m'avait arrachée. Je fréquentais toujours mes copains de la veille, mais j'avais quitté Belleville. J'avais une chambre dans un hôtel près de Pigalle. Je me levais tard, mais je prenais mon métier au sérieux et, l'après-midi, on ne voyait que moi chez les éditeurs de chansons. J'avais compris qu'il me fallait me constituer un répertoire. Et je découvrais que la chose n'était pas facile.

Je ne voudrais pas médire des éditeurs. J'ai parmi eux d'excellents amis et je sais aujourd'hui qu'ils ont raison, dans l'exercice de leur profession, de se montrer très prudents. Qu'ils s'emballent, qu'ils ne gardent pas la tête froide, et ils sont perdus ! Obligés d'engager pour le lancement de la moindre chanson des capitaux importants, ils prennent des risques chaque fois qu'ils retiennent un texte et, rien ne permettant d'assurer à l'avance qu'une chanson sera un « succès », si bonne qu'elle puisse paraître, ils ne jouent jamais à coup sûr. Un romancier a sa clientèle, quelques milliers de lecteurs qui achèteront son dernier ouvrage dès qu'il se trouvera en librairie. Son éditeur, quand il envoie le manuscrit à l'impression, possède une rassurante certitude : il sait que, quoi qu'il arrive, il vendra tant de milliers d'exemplaires du bouquin, il sait qu'il récupérera son argent. Avec les chansons, rien de tel. On met toutes les chances de son côté, puis on fonce dans l'inconnu. La chanson qu'on hésitait à mettre sur le marché deviendra populaire et le chef-d'œuvre sur lequel on comptait sera, sur le plan commercial, un désastre. Les éditeurs ne l'ignorent pas et ils se méfient. Je ne saurais donc leur reprocher aujourd'hui de ne pas m'avoir accueillie avec des transports d'enthousiasme quand je leur rendais mes premières visites.

J'aurais voulu qu'on me confiât des « créations ». C'était beaucoup demander. Je n'enregistrais pas de disques, on ne m'entendait pas à la radio, je ne faisais pas de music-hall, mon nom était inconnu du grand public. Il était déjà bien joli qu'on me permît de chanter les chansons des autres, quand les vedettes ne s'en réservaient pas l'exclusivité.

Cela, je le comprends aujourd'hui. Mais, à l'époque, la réserve des éditeurs m'indignait et c'est souvent que j'ai eu envie de sortir de chez eux en claquant la porte. Je me dominais et, amère et navrée, j'allais confier mes déboires à Leplée.

— Ils me découvriront quand je n'aurai plus besoin de personne !

— C'est la vie ! me répondait-il avec philosophie. Et, le plus drôle, c'est que, lorsque tu seras célèbre, ils seront dix à prétendre que, sans eux, tu n'aurais jamais percé !

Je souriais, consolée.

Et le lendemain, réconfortée, je reprenais la tournée des éditeurs...

Pour avoir une chanson, j'aurais fait n'importe quoi et l'histoire de *L'Étranger* le prouve...

J'étais, boulevard Poissonnière, chez l'éditeur Maurice Decruck, qui fut l'un des tout premiers à me faire confiance et à me témoigner de l'amitié. Le pianiste de la maison me faisait entendre des chansons, dont aucune ne me plaisait, quand arriva une dame blonde, très élégante, qui venait répéter avec lui le tour de chant qu'elle devait présenter sur scène quelques jours plus tard. C'était la chanteuse Annette Lajon.

Maurice Decruck nous présenta, et, les politesses d'usage échangées, je me retirai discrètement dans un coin de la pièce, laissant à Annette Lajon pianiste et piano. Elle se mit à chanter, commençant par *L'Étranger* :

Il avait un regard très doux,
Des yeux rêveurs, un peu fous,
Aux lueurs étranges...

Je n'avais jamais entendu la chanson, une des premières – et l'une des plus belles – de ma grande amie Marguerite Monnot de qui le nom même m'était encore inconnu. Et, dès les premiers vers, je me sentis « chavirer ». J'oubliais tout, l'endroit où je me trouvais, les murs couverts de lithos aux vives couleurs, les casiers à musique, et même Decruck, debout à côté de moi, la main sur le dossier de ma chaise. C'était comme un éblouissement. Ou plutôt comme si je venais de recevoir un magistral coup de poing au plexus. Avec des mots tout simples, cette chanson exprimait des sentiments que j'avais moi-même éprouvés. Ces paroles, ou d'autres toutes semblables, je les avais moi-même prononcées et je sentais qu'il ne me serait pas difficile, avec un tel texte, d'être sincère, vraie, émouvante.

Quand Annette Lajon eut terminé, j'allai à elle.

— Oh ! madame... Vous ne voulez pas recommencer ? C'est si beau !

Sans méfiance, flattée peut-être, Annette Lajon reprit *L'Étranger*. J'écoutais avec une attention passionnée, ne perdant ni une syllabe, ni une note. Et je trouvai l'audace de demander à Annette Lajon une troisième audition, qu'elle ne me refusa pas. Pouvait-elle se douter que, tandis qu'elle chantait, j'apprenais sa chanson[1] ?

Annette Lajon avait d'autres chansons à répéter, mais, ma présence risquant à la longue de lui paraître suspecte, je pris congé. Sans toutefois quitter la maison. Je me réfugiai dans le bureau directorial, bien décidée à ne pas rentrer chez moi avant d'avoir dit deux mots, seule à seul, à Maurice Decruck. Annette Lajon partie, je lançai mon offensive :

---

1. L'histoire est belle et rattache la jeune Piaf à cette tradition orale qui était celle des chanteurs de rue de l'époque, où les chansons s'apprenaient le plus souvent par le biais du bouche à oreille. Mais il se trouve qu'Annette Lajon, dans ses souvenirs, en donne une version bien moins idéalisée : « Je répétais *L'Étranger* quand une petite femme malingre me demanda de rechanter cette chanson plusieurs fois. Le temps que je passe dans une autre pièce, la partition et la jeune femme s'étaient envolées... Le soir même, la Môme Piaf inscrivait *L'Étranger* à son tour de chant, chez Louis Leplée. Mais, comme j'en avais l'exclusivité, elle fut obligée de l'enlever de son répertoire. Plus tard, Édith Piaf me demanda pardon d'avoir volé ma chanson... »

— Decruck, soyez gentil ! Donnez-moi *L'Étranger* !

Il me regarda, l'air désolé.

— Je vous aime bien, mon petit, mais ne me demandez pas l'impossible. Pourquoi ne chanteriez-vous pas…

Je ne le laissai pas poursuivre.

— Non, c'est cette chanson-là que je veux, et pas une autre !

— Mais il n'y a pas huit jours qu'Annette l'a créée et elle veut être seule à la chanter pendant quelque temps. C'est normal…

— Il me la faut. D'ailleurs, je la sais.

— Vous la savez ?

— Il me manque peut-être deux ou trois bouts de phrase, mais je me débrouillerai.

Decruck hocha la tête.

— Faites comme vous voudrez ! Moi, je ne vous ai rien donné, je ne sais rien, je ne suis au courant de rien…

L'éditeur se comportait en honnête homme, mais pendant huit jours je lui en ai beaucoup voulu.

Le soir, en arrivant au Gerny's, j'annonçai triomphalement à Leplée que j'avais une chanson « sensationnelle ».

Il me dit simplement :

— Fais voir !

Je lui avouai, non sans embarras, que je n'avais pu me mettre d'accord avec l'éditeur et que je ne possédais même pas un « petit format » de cette chanson que je n'hésitais pas à dire mienne.

— Mais, ajoutai-je, je la sais et je la donne ce soir !

Il m'objecta que, sans la musique, il ne serait guère possible de m'accompagner.

— Vous en faites pas, papa ! répliquai-je. On s'arrangera.

Je savais pouvoir compter sur le pianiste du Gerny's, Jean Uremer, si ma mémoire est fidèle. Il me suffit de lui fredonner trois ou quatre fois la chanson pour qu'il m'improvisât un accompagnement très acceptable.

Et, le soir même, je chantai *L'Étranger*.

Je ne m'étais trompée ni sur la qualité de l'œuvre, ni sur ce que je pouvais tirer d'une chanson qui, bien que n'ayant pas été écrite pour moi, convenait merveilleusement à ma personnalité. Je remportai un succès marqué... et *L'Étranger* devait rester longtemps à mon répertoire.

Annette Lajon, quelques jours plus tard, vint m'entendre. Par bonheur, j'ignorais qu'elle fût dans la salle. Je ne l'appris que mon tour de chant terminé et, très mal à l'aise, j'allai la saluer. Elle m'accueillit avec une froideur dont je dois reconnaître qu'elle était justifiée.

— Vous devez m'en vouloir, lui dis-je.

Elle sourit.

— Pas du tout ! *L'Étranger* est une si belle chanson que je ne sais pas si, à votre place, je n'aurais pas fait comme vous.

Annette Lajon, j'en suis convaincue, n'en pensait pas un mot. Gentille de nature, elle voulait être indulgente[1].

---

1. La plupart des témoins de l'époque rapportent que la scène se termina plutôt par une gifle retentissante, à peine tempérée par ce commentaire glacial et acerbe : « Vous avez de la chance, vous la chantez bien... » N'empêche que la Môme Piaf dut quand même retirer provisoirement la chanson de son répertoire.

Et je fus très sincèrement heureuse pour elle lorsque, peu après, *L'Étranger* lui valut le Grand Prix du Disque.

Ce fut Leplée, bien sûr, qui me fit faire mon premier gala : au Cirque Medrano, le 17 février 1936, la date m'est restée en mémoire.

La soirée, très brillante, était donnée au bénéfice de la veuve du grand clown Antonet, mort quelques mois auparavant. Paul Colin avait dessiné la couverture du programme, le spectacle s'ouvrait sur un à-propos de Marcel Achard et, qu'elles fussent du théâtre, du cinéma, du cirque ou du sport, toutes les vedettes du moment étaient à l'affiche. Je me sentais assez fière d'être du nombre et de voir mon nom figurer au programme entre ceux de Charles Pélissier et Harry Pilcer (ordre alphabétique) et dans le même caractère que ceux de mes « camarades » Maurice Chevalier, Mistinguett, Préjean, Fernandel et Marie Dubas. Leplée m'avait accompagnée et nous formions, lui et moi, un couple assez curieux : lui, très grand, très chic dans un habit d'excellente coupe, moi, toute menue et très « Belleville-Ménilmontant », avec mon pull et ma jupe de tricot. Je chantai vers la fin de la première partie. Émue – c'était mon premier contact avec le public des « grandes premières » –, mais décidée à donner le meilleur de moi-même pour me montrer digne de l'honneur qu'on m'avait fait en acceptant mon concours. L'expérience se termina pour moi le mieux du monde.

Leplée m'embrassa quand je sortis de la piste.

— Tu es toute petite, me dit-il, mais les grands cadres t'iront fort bien.

Bien conseillée et travaillant dur, je faisais des progrès et je n'étais pas seule à m'en rendre compte. Dans le métier, on commençait à me connaître. J'avais enregistré chez Polydor mon premier disque, *L'Étranger*, et, sur le « petit format » de la chanson, ma photo – d'ailleurs mauvaise – voisinait avec celles d'Annette Lajon et de Damia. Les directeurs de music-hall m'ignoraient encore, mais j'avais débuté à la radio et, j'avais, après ma première émission, signé à Radio-Cité un contrat de dix semaines. Jacques Bourgeat, enfin, mon cher « Jacquot » – de qui je reparlerai – m'avait fait cadeau de la première chanson qui eût jamais été écrite spécialement pour moi, *Chant d'habits*, un très beau poème mis en musique par le compositeur Ackermans. Je me sentais sur le chemin de la réussite, des amis sûrs me guidaient, j'étais heureuse.

— Et ça ne fait que commencer, me dit un jour Leplée. Dans trois semaines, nous serons à Cannes : tu chantes au Bal des petits lits blancs…

III

Il a roulé sous la banquette
Avec un p'tit trou dans la tête,
Browning, Browning...
Oh ! ça n'a pas claqué bien fort,
Mais tout de même il en est mort,
Browning, Browning...
On appuie là et qu'est-ce qui sort
Par le p'tit trou ? Madame la Mort,
Browning, Browning...

« Browning »
R. Asso – J. Villard, 1937

Leplée, qui se faisait une joie de m'emmener à Cannes et de me révéler les splendeurs de la Côte d'Azur que je ne connaissais pas encore, faisait pour moi de mirifiques projets. Et déjà le drame était sur nous.

Eut-il le pressentiment que ses jours étaient comptés ? Je le crois.

— Ma petite Piaf, me dit-il un jour, j'ai fait cette nuit un rêve affreux. J'ai revu ma pauvre maman et elle me disait : « Tu sais, Louis, c'est l'heure. Prépare-toi. Je vais bientôt venir te chercher. »

Et, comme je lui représentais qu'il ne faut pas croire aux rêves, il ajouta :

— Peut-être, mon petit. Mais celui-là, ce n'est pas un rêve comme les autres... C'est maman que j'ai vue, comprends-tu ? Elle m'attend. J'ai l'impression que je vais mourir. Et ce qui me désole, c'est que tu as encore besoin de moi. On te fera du mal et je ne serai plus là pour rendre les coups…

Je lui dis que je ne voulais pas entendre des propos pareils, que Cannes se chargerait de dissiper ses idées noires et nous reparlâmes du Bal des petits lits blancs. J'oubliai la conversation.

Huit jours passèrent. Le 6 avril, vers une heure du matin, j'embrassai Papa Leplée avant de quitter le Gerny's. Il me rappela qu'il me fallait être en forme le lendemain pour chanter au *Music-Hall des Jeunes*, une émission publique de Radio-Cité donnée dans le cadre immense de la salle Pleyel et que je devais le prendre chez lui à dix heures du matin pour aller faire un tour au Bois.

— Donc, conclut-il, couche-toi tôt !

Je lui répondis hypocritement que je rentrais tout droit chez moi et je m'en fus, sans remords, retrouver à Montmartre des camarades qui m'attendaient pour fêter le départ de l'un d'eux pour le régiment. Notre petite bande passa une nuit joyeuse dans les boîtes de Pigalle et il était plus de huit heures du matin quand j'envisageai de gagner mon lit. Souhaitant m'offrir quand même quelques heures de sommeil, je décidai de téléphoner à Leplée pour lui demander d'annuler notre rendez-vous.

Je l'appelai.

— Allô ! Papa ?

— Oui.

— Vous ne m'en voudrez pas de vous déranger si tôt. Mais j'ai passé une nuit blanche, je vous expliquerai pourquoi, et je tombe de fatigue. Alors, si vous voulez bien, notre rendez-vous de dix heures…

Je n'eus pas le temps d'en dire plus. Une voix sévère m'interrompait :

— Venez tout de suite !... Tout de suite !

— J'arrive.

L'idée ne me vint pas que ce n'était pas Leplée qui m'avait répondu. Une seule chose m'avait frappée : papa ne m'avait pas tutoyée, il était fâché. Je ne dormirais pas, je serais mauvaise à Pleyel, mais, puisqu'il voulait me voir immédiatement, il n'y avait pas à hésiter. Je sautai dans un taxi et je me fis conduire chez Leplée, qui habitait avenue de la Grande-Armée.

Devant l'immeuble, une petite foule stationnait, contenue par un cordon d'agents. C'était curieux, et je commençai à être inquiète. Heureusement, Leplée n'était pas l'unique locataire de la maison. Je me nommai à l'inspecteur qui défendait la porte. Il me laissa passer et je m'engouffrai dans l'ascenseur, un policier sur mes talons.

— Vous êtes la môme Piaf ? me demanda-t-il, comme la cabine s'élevait.

— Oui.

Pensant avoir affaire à un journaliste en mal d'interview, j'attendais d'autres questions. Elles ne vinrent pas. Le type se contentait de me regarder, comme pour être bien sûr de me reconnaître à notre prochaine rencontre, et nous arrivâmes au palier de Leplée sans qu'il eût rien dit de plus. La porte de l'appartement était ouverte. Dans l'antichambre, des inconnus s'entretenaient à voix basse. Laure Jarny, « l'hôtesse » du Gerny's, était là, écroulée dans un fauteuil, le visage en larmes. C'est elle qui m'apprit l'affreuse nouvelle.

— C'est horrible ! Louis a été assassiné !

Comment, sans tomber dans la pire des littératures, exprimer avec des mots ce que je ressentis alors ? Comment rendre sensible cette impression de vide total, d'irréel aussi, qui vous laisse inerte et comme insensible, étranger à un monde extérieur en une seconde aboli ? Des gens allaient et venaient autour de moi, des gens qui me parlaient et auxquels je ne répondais pas. Je les voyais sans les voir, j'entendais leurs paroles et je ne comprenais pas ce qu'ils disaient. J'étais comme une morte vivante.

Sans un mot, avec, m'a-t-on dit plus tard, le regard fixe d'une hallucinée et la démarche raidie d'une somnambule, j'allai à la chambre de Leplée. Il était allongé sur son lit. La balle de revolver qui l'avait tué, bien qu'elle eût pénétré par l'œil, avait laissé son beau visage intact.

Je m'écroulai sur le lit en sanglotant...

Suivirent des journées effroyables.

J'aurais voulu m'enfermer chez moi, ne voir personne et pleurer tout mon soûl. Rester seule avec mon chagrin. C'était compter sans l'enquête. Leplée était mort dans des circonstances mystérieuses et, n'ayant pas la moindre piste à suivre, le commissaire Guillaume avait décidé d'entendre tous ceux qui, à un titre quelconque, avaient été en relation avec le directeur du Gerny's : ses amis, le personnel de la maison, les artistes, les habitués, tout le monde... et jusqu'au comédien Philippe Hériat, qui ne se doutait pas encore qu'il deviendrait un des plus puissants romanciers de sa génération et le plus photogénique des académiciens Goncourt. Pour moi, emmenée à la Police judiciaire, je passai des heures dans un morne petit bureau, en compagnie d'inspecteurs qui me posaient question sur question, tout en me répétant qu'il ne s'agissait pas d'un interrogatoire, mais d'une déposition. Nuance, dirait René Dorin. Je n'étais pas soupçonnée d'avoir tué Leplée, mais n'étais-je pas complice de ses assassins ? Vers le soir, le commissaire Guillaume lui-même me « prit en main ». Il ne lui fallut qu'une petite heure pour se convaincre que je ne savais rien et prendre la décision de me renvoyer chez moi. Toutefois, j'étais « priée » – c'est façon de parler – de me tenir à la disposition des enquêteurs.

Je me trouvai sur le trottoir du quai des Orfèvres, lasse à tomber. Pourtant, je me mis à marcher. Sans que j'en eusse conscience, mes pas me conduisirent au Gerny's. L'établissement était fermé, bien entendu. Quelques employés pourtant étaient là : des garçons, des maîtres d'hôtel, la fleuriste, et aussi quelques artistes. Et l'un de ceux-ci, que je préfère ne pas nommer, me dit, railleur :

— Ton protecteur est mort. Avec le talent que tu as, tu ne tarderas pas à chanter de nouveau dans les rues...

Le « lâchage » commençait. Ignoble, écœurant. Homme de cœur, sensible à toutes les détresses et volontiers prodigue d'un argent qu'il gagnait facilement, Leplée comptait dans Paris des centaines d'obligés. On ne les vit pas à ses obsèques. Mes amis, eux aussi, s'étaient raréfiés. J'étais mêlée au scandale, on imprimait sur moi des choses horribles, mieux valait désormais m'ignorer. Et je ne crois pas oublier qui que ce soit en dressant la courte liste de ceux qui me soutinrent en ces jours douloureux. Je n'y trouve que Jacques Bourgeat, l'accordéoniste Juel, J.-N. Canetti, la déjà fidèle Marguerite Monnot, Raymond Asso, que je connaissais depuis peu, et la blonde chanteuse Germaine Gilbert, ma camarade du Gerny's.

Je ne retournai pas à la P. J., mais l'enquête n'était pas close et l'affaire, qui ne devait être classée que des mois plus tard, continuait à fournir à la presse une copie abondante. Les amateurs de « sensationnel » se régalaient. Les informations manquant, et pour cause, les reporters, en l'occurrence de bons spécialistes de la littérature d'imagination, inventaient, et je n'ouvrais plus les journaux qu'en tremblant, redoutant d'y découvrir quelque nouvelle infamie sur l'ami que j'avais perdu ou sur moi-même. Mon chagrin ? On s'en souciait bien ! L'important, c'était d'apporter au lecteur friand de scandale sa pâture quotidienne. On construisait donc autour du drame un tragique roman-feuilleton, dont j'étais l'héroïne, pittoresque sans doute, mais résolument antipathique. On ne l'affirmait pas, mais on laissait deviner que je pouvais être la complice des assassins, sinon l'instigatrice du crime. Ah ! on ne me ménageait pas. J'avais souhaité de voir un jour mon nom dans les journaux. J'étais servie !

Si j'avais eu de l'argent, j'aurais fui à l'autre bout du monde. N'en possédant pas, mes maigres économies tout de suite épuisées, je me résignai, puisqu'il fallait vivre, à reprendre mon tour de chant. Le Gerny's était fermé, sans espoir de réouverture, mais les propositions ne me manquaient pas. Spéculant sur la curiosité du public et sachant, d'autre part, que je ne pouvais avoir de grosses exigences financières, les directeurs de cabaret étaient plusieurs à me faire des offres. Je n'avais qu'à choisir.

Je fis ma rentrée chez O'dett, place Pigalle. Encore une soirée que je n'oublierai pas. Un silence glacial, désespérant. Pas la moindre réaction. Ni sifflets, ni bravos. Je chantais, mais nul ne faisait attention aux paroles de mes chansons. J'aurais chanté des psaumes, je me demande si quelqu'un s'en serait aperçu. On n'était pas venu entendre une chanteuse, on était venu voir « la femme de l'affaire Leplée ». Je sentais les yeux braqués sur moi et j'imaginais les propos qui s'échangeaient par-dessus les coupes de champagne.

— Vous savez qu'elle a été fortement soupçonnée ? La police l'a gardée pendant quarante-huit heures…

— Il n'y a pas de fumée sans feu !

— D'ailleurs, on ne sait ni qui elle est, ni d'où elle vient. On ne s'appelle pas Piaf !

Et, ce silence effrayant, je le retrouvai tous les soirs. Je finissais par me demander si ce n'était pas devenu une mode, si les gens ne se rendaient pas chez O'dett « pour ne pas applaudir », pour donner une leçon à cette petite chanteuse qui prétendait continuer à exercer son métier en dépit du scandale auquel elle avait été mêlée. Un jour, à la fin de ma première chanson, quelqu'un siffla. Des larmes me montèrent aux yeux. À une table, cependant, un monsieur se levait, un homme d'une soixantaine d'années, grand et distingué, qui interpellait le siffleur.

— Pourquoi sifflez-vous, monsieur ?

L'autre ricana.

— Vous ne lisez donc pas les journaux ?

— Si, monsieur. Seulement, je ne m'arroge pas le droit de juger mes contemporains. Quand ils sont en liberté, je présume qu'ils sont innocents… et, s'ils ne le sont pas, je laisse aux magistrats le soin redoutable de les traiter selon leurs mérites. L'artiste que vous venez d'entendre est bonne ou elle est mauvaise. Si elle est mauvaise, gardez le silence ! On ne siffle pas au cabaret. Si elle est bonne, applaudissez-la, sans vous préoccuper de ce que peut être sa vie privée, laquelle ne vous concerne pas.

Ayant dit, mon galant défenseur inconnu se rassit. Des applaudissements partirent de diverses tables. À son adresse d'abord, à la mienne ensuite, quand il eut de façon significative joint ses bravos à ceux de la salle.

L'heureuse tournure prise par l'incident m'avait réconfortée, mais je ne renouvelai pas mon contrat lorsque, quelques jours plus tard, il arriva à expiration. J.-N. Canetti[1], de qui l'amitié me fut précieuse en ces temps difficiles, avait organisé pour moi une tournée dans les cinémas de quartier, où je passais en « attraction » et dans lesquels je fus diversement accueillie. Je tenais le coup crânement, et, toujours

1. Derrière ces initiales énigmatiques – même dans sa propre autobiographie, le principal intéressé n'en livre pas le sens – se cache bien sûr Jacques Canetti, le plus grand découvreur de talents du XXe siècle en matière de chanson française.
Tour à la fois directeur de théâtre – Les Trois Baudets –, organisateur de tournées, animateur d'émissions de radio et producteur de disques, il lança et aida à faire fructifier les carrières d'Édith Piaf et Charles Trenet, Boris Vian, Félix Leclerc, Jacques Brel, Georges Brassens, Guy Béart, Les Frères Jacques, Catherine Sauvage, Philippe Clay, Jean-Claude Darnal, Fernand Raynaud, Leny Escudero, Francis Lemarque, Serge Gainsbourg, Michel Legrand, Dario Moreno, Mouloudji, Henri Salvador, Anne Sylvestre, Jeanne Moreau et – le dernier en date – Serge Reggiani. Pour ce qui est de la Môme Piaf, il organisera, dès fin décembre 1935, début janvier 1936, ses premières séances d'enregistrement discographique – pour le label Polydor – et, surtout, lui signera un contrat de programmation sur les ondes de Radio-Cité courant sur trois mois, à raison d'une émission par semaine. Une véritable aubaine pour quelqu'un qui, à peine deux mois plus tôt, chantait encore sur le pavé des rues.

soutenue par une partie du public – celle qui, venue pour écouter des chansons, entendait en avoir pour son argent –, je réussis partout à donner mon « tour » en son entier.

Mais ce combat toujours recommencé m'épuisait, et Paris me faisait horreur. L'impresario Lombroso m'ayant procuré des contrats, je m'en allai en province. Je fis un long séjour à Nice, où je chantais à la Boîte de vitesses, un cabaret installé dans le sous-sol du Maxim's et dirigé par Skarjinski. Je m'y trouvais bien, les clients ignorant (ou à peu près) l'affaire Leplée, dont les journaux de la Côte avaient peu parlé. Ma situation, cependant, n'était pas brillante. La nuit, après le spectacle, j'allais manger un morceau au Nègre, passage Émile-Négrin, et il m'arrivait souvent de remplacer le steak, trop cher, par une assiette de spaghetti.

Manquer d'argent, c'est ennuyeux, mais ce n'est pas grave. Ce qui l'est davantage, c'est de ne plus avoir le goût de vivre. J'en étais là. Avec Leplée, j'avais tout perdu : le guide qui m'était nécessaire dans ma carrière et surtout une affection que rien ne pouvait remplacer.

Notre rencontre avait eu quelque chose de providentiel. Il ne se consolait pas de la disparition de sa maman, qu'il adorait, il n'avait pas de famille, pas d'amis non plus, encore qu'il connût tout Paris. Il menait une existence brillante, agitée, joyeuse, et il était seul. Pour moi, je venais d'éprouver un immense chagrin, avec la mort de ma petite Marcelle, un ravissant bébé de deux ans, enlevé en quarante-huit heures par une méningite. Nos deux solitudes nous rapprochaient. Une de nos premières sorties nous avait menés au cimetière de Thiais, où reposaient sa mère et ma petite fille.

— Ce sont elles, m'avait-il dit, qui ont voulu que nous nous rencontrions. Pour que nous ne soyons plus seuls...

De fait, nous n'étions plus seuls. Nous avions, l'un comme l'autre, trouvé l'affection dont nous avions besoin...

Leplée parti, que me restait-il ? Je me le demandais vainement. L'amour ? J'étais encore sous le coup d'une de ces déceptions qui vous donnent des idées de suicide. Le métier ? Il ne m'intéressait plus. Je n'avais pas étudié une chanson depuis des semaines, je ne travaillais plus, je ne souhaitais plus rien. J'étais sur une mauvaise pente et, lasse, découragée, sans forces et sans volonté, je me sentais « dégringoler ». Le jour n'était pas loin, je m'en rendais compte, où, comme on me l'avait prédit après la mort de Leplée, je me retrouverais chantant dans les rues...

Mon contrat à Nice terminé, je rentrai à Paris.

Le lendemain de mon retour, j'appelai Raymond Asso au téléphone.

— Raymond, veux-tu t'occuper de moi ?

— Tu le demandes ? me répondit-il d'une voix qui me mit du soleil dans le cœur. Il y a un an que je t'attends ! Prends un taxi et viens !

J'étais sauvée.

IV

J' sais pas son nom, je n' sais rien d' lui,
Il m'a aimée toute la nuit,
Mon légionnaire !
Et me laissant à mon destin,
Il est parti dans le matin,
Plein de lumière !
Il était minc', il était beau,
Il sentait bon le sable chaud,
Mon légionnaire !
Y avait du soleil sur son front
Qui mettait dans ses cheveux blonds,
De la lumière !

« Mon Légionnaire »
R. Asso – M. Monnot, 1937

J'avais fait la connaissance de Raymond Asso chez l'éditeur Milarski, alors que je chantais chez Leplée. Un monsieur qui se trouvait là s'était mis au piano pour me faire entendre une chanson et, avec la redoutable franchise d'une petite sauvageonne peu habile à dissimuler, j'avais déclaré que les paroles me plaisaient, mais non la musique. J'ignorais que c'était le compositeur lui-même qui était au clavier.

Il eut le tact de ne pas me révéler que la musique était de lui et assez d'esprit pou me dire, dans un sourire :

— En ce cas, vous pouvez féliciter le parolier. C'est lui qui est assis sur le canapé…

C'était Raymond Asso. Long, maigre, nerveux, le cheveu très noir et le teint basané, il me regardait, le masque impassible, mais savourant intérieurement le comique de la scène. Il se leva, nous bavardâmes un instant, sympathisant tout de suite, et j'eus l'impression, je ne sais pourquoi, que je ne tarderais pas à le revoir.

Je ne me trompais pas. Trois jours plus tard, au début de l'après-midi, je flânais dans ma chambre de l'Hôtel Piccadilly, rue Pigalle, quand on m'appela au téléphone. C'était un ami, chasseur dans un grand café de la place Blanche.

— Je suis, me dit-il, avec un copain qui t'a vue chez un éditeur. Il est absolument emballé et il veut te causer. Je te le passe...

Au bout du fil, la voix changea. Je la reconnus immédiatement. Comme je l'avais deviné aux premiers mots de mon ami le chasseur, il s'agissait bien de Raymond Asso. Il m'expliqua qu'il croyait pouvoir écrire pour moi des choses qui m'intéresseraient et termina sur une invitation à dîner, que j'acceptai pour le lendemain.

Raymond Asso entrait dans ma vie...

J'étais revenue à Paris découragée, résignée, vaincue, doutant de tout, et de moi-même pour commencer. Raymond Asso s'attacha d'abord à me rendre confiance. On m'avait calomniée, diffamée, traînée dans la boue ? Et après ? Je n'étais pas la première à essuyer un coup dur ! Il fallait tendre sa volonté, bander ses muscles et se battre. On se battrait.

Et Raymond Asso se battit pour moi, avec un cœur et une ténacité qui faisaient mon admiration. Il tenait, avec raison, qu'une chanteuse ne peut faire carrière au cabaret et que c'est seulement au music-hall, devant le grand public et en contact direct avec lui, qu'elle peut donner la mesure vraie de son talent, se rendre compte de ses erreurs, de ses défauts et, partant, faire des progrès. Je chantais au cabaret, on m'entendait de nouveau à la radio – où j'avais, en la personne de J.-N. Canetti, directeur artistique de Radio-Cité, un puissant allié –, il me fallait absolument « faire » l'A.B.C. Mitty Goldin qui devait devenir plus tard un charmant ami ne voulait pas entendre parler de moi. Il était buté : je ne l'intéressais pas, il ne voulait absolument pas m'engager. Asso l'eut à la fatigue. Tous les jours, il était dans le bureau du directeur du music-hall du boulevard Poissonnière. Goldin le mettait à la porte. Il revenait le lendemain. Et Goldin se lassa le premier. Pour ne plus voir mon champion dans son antichambre, il me signa mon premier contrat de music-hall. M'accusera-t-on de manquer de modestie si j'ajoute qu'il ne le regretta pas ?

La presse, de nouveau, parla de moi. En bien, cette fois. Et je veux reproduire ici les lignes que me consacra, dans *L'Intransigeant,* le regretté – et déjà trop oublié – Maurice Verne :

« La môme Piaf, c'est l'ange triste et fougueux du bal musette. Tout d'elle vient des faubourgs, sauf sa tenue de Claudine 1900. Ô, Colette ! voici miraculeusement ressuscité le cheveu court bouffant de Claudine, le col de lingerie sur lavallière, la robe noire pareille à un sarraut d'écolière. La môme Piaf a du talent ; sa voix monte, métallisée, dirait-on, de fer-blanc, dans une cour d'immeuble imaginaire où travaille la chanteuse des rues. La môme Piaf – que cela dure, Seigneur ! – n'est pas encore littéraire, mais il lui faut des chansons bien à elle, un réalisme du jour qui rôde du côté de la Villette, grésille de la suie des cheminées d'usine et bourdonne de refrains chipés à la T.S.F. du bistrot. »

Ces chansons bien à moi, Raymond Asso devait me les écrire. Elles sont directes, sincères, sans littérature, « accueillantes comme une poignée de main », selon l'heureuse formule de Pierre Hiégel, et elles ont donné un style nouveau à la chanson dite (à tort) « réaliste ». Asso, pour sa part, préfère à « réalisme » le mot « vérisme ». Le terme importe peu. Il reste que Raymond Asso a marqué « un moment de la chanson française », qu'il l'a lancée sur des voies nouvelles et qu'il a exercé une profonde influence sur ses suivants immédiats, Henri Contet et Michel Emer, pour n'en citer que deux.

« Je me suis imposé une discipline, explique-t-il dans l'avant-propos de son recueil *Chansons sans musique* :

» 1° Ne jamais écrire si je n'ai rien à dire ;

» 2° Si j'écris, essayer de ne dire que des choses humaines, vraies, et y mettre le plus de pureté possible ;

» 3° Écrire le plus simplement possible, pour être accessible à tous. »

Relisez ses chansons ! *Paris-Méditerranée, Elle fréquentait la rue Pigalle, Je n'en connais pas la fin, Le Grand Voyage du pauvre nègre, Un jeune homme chantait,* et les autres, toutes les autres. Elles respectent toutes ces trois règles essentielles.

C'est un peu pour cela qu'elles sont – et resteront – des chefs-d'œuvre.

Et aussi, et surtout, parce que Raymond Asso est un grand poète.

C'est une histoire que je lui ai racontée qui a inspiré à Raymond Asso une de ses plus belles chansons, *Mon légionnaire.*

Une histoire, ou plutôt un souvenir.

J'avais dix-sept ans. Depuis de longs mois déjà, avide de liberté, j'avais quitté mon père, avec qui j'avais travaillé sur la place publique durant toute mon enfance, et, après des expériences diverses et uniformément malheureuses, je m'étais improvisée, mais oui ! directrice d'une troupe ambulante. Oh ! la compagnie n'était pas nombreuse. Nous étions trois, à peu près du même âge : Camille Ribon, un acrobate de cirque, qui n'avait pas son pareil pour monter en équilibre sur les pouces sur le bord d'une table, sa « femme » Nénette, qui lui servait d'assistante, et moi, qui chantais sous le pseudonyme de « Miss » Édith. Pourquoi « Miss » ? Simplement parce que je trouvais que « ça faisait bien ». Dans les « variétés », on n'est jamais trop international.

Nous donnions nos représentations dans les casernes. C'était une idée de mon père, que j'avais reprise. Le plus difficile, c'était de joindre le général pour obtenir de lui l'autorisation de présenter aux soldats « un spectacle récréatif ». Il refusait rarement. Il ne restait plus qu'à aller trouver le colonel pour lui demander une date et un local. Neuf fois sur dix, il disait : « Demain, au réfectoire, après la soupe. »

Ce jour-là, nous travaillions à la caserne des Lilas, chez les gars de la Coloniale. J'étais à la caisse, c'est-à-dire à la porte du réfectoire, percevant les entrées – vingt sous par place – et la boîte de fer-blanc que je tenais à la main commençait à se remplir de piécettes quand arrive un joli blond qui m'annonce qu'il n'a pas d'argent, mais que, si ça m'arrange, il veut bien payer sa place d'un baiser.

Je prends un air outré, et je le regarde. Pas très grand, mais costaud, le calot sur la nuque, débraillé, une cigarette collée à la lèvre, avec un beau visage et des yeux bleu clair magnifiques.

— Alors ? me dit-il.

Je lui dis de passer.

— Pour le baiser, ajoutai-je, nous en reparlerons tout à l'heure, si vous vous êtes tenu correctement.

Et j'ai chanté pour lui, pour lui seul…

À la fin du spectacle il a feint de m'ignorer. Alors je suis partie, très digne, un rien hautaine…

Il m'a rattrapée dans la cour du quartier. Il m'a embrassée au clair de lune, puis il m'a pris la main, et il s'est mis à parler, à parler, à parler… Nous étions encore ensemble quand sonna l'extinction des feux.

En me quittant, il me dit :

— Je m'appelle Albert C., deuxième compagnie, viens me voir demain à sept heures !

Je suis rentrée chez moi à pied et j'ai chanté tout le long du chemin. Riche d'un amour tout neuf, j'oubliai ma misère. Je me croyais au seuil du bonheur et faisais des rêves.

Le lendemain soir, à sept heures, je me trouvais à la caserne. Au poste de police, on m'apprit qu'Albert était en prison.

— Qu'est-ce qu'il a fait ?

— Il s'est battu hier soir, à la chambrée. Mais ne vous tracassez pas pour lui ! La taule, il sait ce que c'est ! Bagarreur comme il est, il n'en sort guère…

J'étais consternée.

— Il n'y a vraiment pas moyen de le voir une minute ?

J'avais l'air si lamentable que le sergent de garde, qui avait reconnu la petite chanteuse de la veille, eut pitié de moi.

— Parce que c'est vous, on va vous l'amener…

Quelques minutes plus tard, il arrivait entre deux marsouins armés, jugulaire au menton. Je le trouvais plus beau encore d'être malheureux. Mais lui ne s'occupait pas de moi. Il alla directement au sous-officier qui commandait le poste.

— D'après vous, sergent, j'en ai pour combien ?

— On le saura demain au rapport. Avec tes antécédents, ça ira chercher dans les trois semaines, minimum.

Il dit « ah ! » et c'est alors seulement que, tournant la tête, il daigna s'apercevoir de ma présence.

— Tiens, t'es là, toi ? Je pensais pas que t'allais venir. Qu'est-ce que tu veux ?

J'attendais une autre réception. Il a dû le comprendre à ma mine stupéfaite, car soudain son regard s'est fait doux, cependant que sa main se posait sur mon épaule. Il m'a ensuite dit des mots gentils, les mots que je souhaitais entendre, et je l'ai quitté, consolée.

Sa punition terminée, je l'ai revu. Il sautait le mur, pour venir me retrouver, et il a commencé à régler notre avenir !

Il a bien fallu que je me résigne à lui dire un jour que je ne songeais pas à faire ma vie avec lui. Il a pris la chose très mal, ainsi que je le craignais.

— Je te donne jusqu'à demain pour réfléchir, me dit-il en manière d'adieu.

Il exigeait l'impossible. J'essayai le lendemain de le lui faire comprendre. Il m'écouta, sans dire un mot, puis il me prit la tête entre ses mains, me regarda longuement dans les yeux, pencha son visage vers le mien et soudain, me repoussant d'un geste brusque, m'éloigna de lui et s'en alla. Je ne devais plus le revoir. Il me laissait effondrée, pleurant un bonheur perdu presque aussitôt que conquis.

Trois mois plus tard, ses amis m'apprenaient sa mort aux colonies.

C'est de ce roman de quatre sous que Raymond Asso a tiré *Mon Légionnaire*[1].

L'histoire est finie, mais il y a une suite.

Elle se place bien des années plus tard. Je n'étais plus « Miss Édith », j'étais Piaf et je chantais aux Folies-Belleville, une salle populaire, inconfortable, mais sympathique, dont nous sommes quelques-uns à regretter qu'elle soit devenue un cinéma, « moderne » et banal, comme tant d'autres. Maurice Chevalier ne me contredira pas. C'est là que, tout gosse, il venait s'installer aux galeries, avec sa maman, pour applaudir Mayol, Georgel ou Polin.

Je quittais le théâtre avec quelques amis. À la porte, un homme en casquette vint à moi. Un gars

1. Il y a beaucoup trop d'invraisemblances dans cette histoire, qu'Édith Piaf nous racontera, d'ailleurs, de manière fort différente dans *Ma vie*. Situant l'anecdote à l'époque de sa liaison avec P'tit Louis, le père de sa fille Marcelle : « Pour vivre avec cet homme, j'avais quitté P'tit Louis un matin, sans crier gare, emportant ma fille dans mes bras... » D'accord... mais comment s'installer avec quelqu'un qui est supposé vivre en caserne, sous le régime le plus strict qui soit ! Autre point, dans *Ma vie*, Piaf impute la fin de cette liaison à la jalousie de P'tit Louis qui, l'ayant retrouvée, lui aurait pris sa fille pour faire pression sur elle : « J'ai senti que si je partais avec mon légionnaire, jamais plus je ne pourrais revoir ma petite fille. J'ai passé une dernière nuit avec mon amour et je suis revenue à P'tit Louis. Pour ma fille. » Dans le présent ouvrage, non seulement elle n'évoque aucune vie commune avec l'homme en question, mais commence à prendre ses distances lorsqu'il entreprend de planifier leur avenir. « Il a bien fallu que je me résigne à lui dire un jour que je ne songeais pas à faire ma vie avec lui. Il a pris la chose très

du quartier, de toute évidence. Pas mal vêtu, jeune encore, mais déjà bedonnant et le visage bouffi. Il me salua de la tête, sans se découvrir, et dit :

— B'jour !

Un peu surprise, je répondis par un : « Bonjour, monsieur ! » articulé avec soin. Il ricana.

— Monsieur ?... Tu m' reconnais pas ? Bébert, de la Coloniale...

C'était mon légionnaire ! Pas mort du tout, mais bien différent de l'Albert que j'avais connu, et plus encore de l'image idéalisée que je gardais de lui. Interdite, je balbutiai je ne sais quoi. Il reprit :

— T'as fait du chemin, dis donc ? T'es lancée maintenant... Quand même, tu peux dire que t'as eu d' la veine...

---

mal, ainsi que je le craignais. » Deux versions, on le voit, différentes, pour une histoire qui contient peut-être une petite part de vérité, mais dont Raymond Asso ne s'est certainement pas inspiré pour écrire « Mon Légionnaire ». Enfin, pour ajouter à cette confusion, Piaf nous introduit l'ensemble de l'anecdote de la manière suivante : « Ce jour-là, nous travaillions à la caserne des Lilas, chez les gars de la Coloniale... » Ce qui n'est pas du tout la même chose que la Légion étrangère, la Coloniale étant le surnom des troupes d'infanterie de marine. Dans le meilleur des cas, on peut donc imaginer que Raymond Asso se soit appuyé sur les souvenirs d'Édith pour écrire « Mon amant de la Coloniale ». Les deux chansons datent en effet de la même époque (avril-mai 1936) et racontent pratiquement la même histoire. Mais « Mon Légionnaire » ayant eu beaucoup plus de succès que sa jumelle, Édith Piaf aura tout simplement attribué l'anecdote personnelle à la plus célèbre des deux, sans doute pour compenser le fait que « Mon Légionnaire » avait été écrite et créée pour et par Marie Dubas.

Je ne savais que dire. Heureusement, il s'aperçut que mes amis, qui par discrétion avaient fait quelques pas, m'attendaient.

— Je te rends à tes messieurs, me dit-il. Ça m'a fait plaisir de te revoir.

Je m'éloignai.

Un peu triste, mais heureuse pourtant à la pensée qu'il ne s'était pas reconnu dans le légionnaire de la chanson.

Celui-là est mort.

Celui que j'aimais.

C'est pour moi que Raymond Asso et Marguerite Monnot, à qui je l'avais présenté, ont écrit *Mon Légionnaire,* mais ce n'est pas moi qui ai créé la chanson.

L'histoire vaut peut-être d'être contée, ne serait-ce que parce qu'elle tendrait à prouver qu'une mauvaise action est toujours punie. J'avais ravi *L'Étranger* à Annette Lajon. On devait me prendre *Mon Légionnaire.* Justice immanente.

Un jour, je déjeunais chez des amis. On parle de Marie Dubas.

— Je l'ai entendue hier à Bobino, dit quelqu'un. Elle a une chanson sensationnelle.

— Qui s'appelle ?

— *Mon Légionnaire.*

Je fais un saut sur ma chaise.

— *Mon Légionnaire* ? Mais c'est ma chanson ! Il y a trois semaines que je la travaille. Ça ne se passera pas comme ça !

Le café avalé, je cours trouver Asso.

— Qu'est-ce que j'apprends ? Tu as donné *Mon Légionnaire* à Marie Dubas ?

Il proteste.

— Pas du tout ! Mais, comme la chanson avait l'air de ne te plaire qu'à moitié, Decruck la lui aura soumise…

Maurice Decruck avait acheté *Mon Légionnaire* pour l'éditer. Je me précipite chez lui, bien décidée à lui exprimer, et en termes vifs, ma façon de penser. Il m'arrête dès les premiers mots.

— Jamais je n'ai montré *Mon Légionnaire* à Marie Dubas. Ce doit être Marguerite Monnot…

Je me rue chez Marguerite. Indignée, elle crie son innocence.

— Ce n'est pas moi, c'est Asso !

Le cercle était fermé et je ne suis jamais arrivée à savoir comment Marie Dubas était entrée en possession de ma chanson[1]. Je me suis « vengée », un peu plus tard, en lui soufflant *Le Fanion de la Légion*[2], des mêmes Raymond Asso et Marguerite Monnot :

---

1. À l'époque où il entre dans la vie d'Édith Piaf, à la fois comme parolier principal, pygmalion, directeur de carrière et amant, Raymond Asso n'a encore aucun gros succès à son actif et ne peut donc vivre de ses droits d'auteur. Après avoir été lui-même légionnaire, il a exercé les métiers les plus divers – de berger à directeur d'usine –, et se trouve être, pour l'instant, le secrétaire particulier de Marie Dubas, un fait qu'Édith Piaf ne peut évidemment ignorer. D'autre part, Marie Dubas vivait alors une grande histoire d'amour avec le lieutenant Georges Bellair, cantonné au Maroc, dont elle aura un fils et qu'elle finira par épouser en 1940. Ce qui explique la présence de titres comme « Mon Légionnaire » ou « Le Fanion de la Légion » dans un répertoire d'ordinaire peu porté sur le style militaro-colonial qui fleurit alors.
2. Il s'agit là d'une contrevérité patente. En effet, Marie Dubas a enregistré « Le Fanion de la Légion » le 27 mai 1936, alors que Piaf ne l'a gravé pour la première fois que le 28 janvier 1937.

Ah ! là-là-là, la belle histoire,
Y a trente gars dans le bastion,
Torse nu, rêvant de bagarres,
Ils ont du vin dans leurs bidons,
Des vivres et des munitions.
Ah ! là-là-là, la belle histoire,
Là-haut, sur les murs du bastion,
Dans le soleil plane la Gloire
Et dans le vent claque un fanion,
C'est le fanion de la Légion !

Cette... indélicatesse, Marie Dubas me l'a reprochée un jour. Je lui ai fait observer que nous étions quittes.

Et nous sommes devenues de grandes amies.

Je l'ai souvent dit, mais ce m'est une grande joie de l'écrire, je dois beaucoup à Marie Dubas. Elle a été mon modèle, l'exemple que j'ai voulu suivre et c'est elle qui m'a révélé ce qu'est « une artiste de la chanson ».

À l'époque, je chantais encore au Gerny's. J'étais là depuis plus d'un an[1] et, gâtée par Leplée, fêtée et louangée avec excès par les habitués de la maison, qui étaient tous mes amis, j'avais bonne opinion de ma petite personne. J'avais des excuses, l'aventure merveilleuse que je vivais sortant du banal, mais je n'en étais pas moins insupportable, il faut bien l'avouer. Si Mitty Goldin, plus

1. Découverte par Louis Leplée aux premiers jours d'octobre 1935, la Môme Piaf chantera au Gerny's jusqu'à l'assassinat de Leplée, le 6 avril 1936. Soit à peu près sept mois jour pour jour, et non « plus d'un an » comme il est dit ici.

tard, se refusa longtemps à m'engager à l'A.B.C., c'est qu'il se souvenait de notre première entrevue. Il m'avait convoquée à quatre heures de l'après-midi. J'étais arrivée avec quarante-cinq minutes de retard et, jouant prématurément les vedettes, j'avais posé mes conditions, exigeant un cachet pharamineux, une place privilégiée à l'affiche, un « tour » de douze chansons, minimum, etc. Et je n'avais pas dix-huit mois de métier !

J'étais cette jeune personne assez contente d'elle-même quand Raymond Asso me conduisit un soir à l'A.B.C. Il avait son idée, je l'ai su par la suite.

Marie Dubas était la vedette du programme. Elle entra en scène, vive, légère, souriante, adorable dans sa robe blanche et, tout de suite, je me rendis compte que j'avais sous les yeux une grande, une très grande artiste. La diversité de son talent me stupéfia. Avec une aisance déconcertante, elle passait du comique au dramatique, du tragique au bouffon. D'une humanité déchirante dans la *Prière de la Charlotte*, elle était dans *Pedro* d'une irrésistible drôlerie. D'entrée, elle s'emparait de son public et elle ne le lâchait plus, le conduisant par les chemins qu'elle avait choisis sans que jamais l'envie vînt au spectateur de ne pas la suivre. Et, peu à peu, bien qu'ignorant ce qu'était l'étude d'un texte, la mise en place d'une chanson, je comprenais que, dans ce « tour » éblouissant, rien n'était laissé au hasard, à l'improvisation. Ni les jeux de physionomie, ni les gestes, ni les attitudes, ni les intonations. Une femme se veut belle pour l'homme qu'elle aime. Marie, pour son public, se voulait parfaite.

Quand elle eut terminé, j'avais les yeux humides et je ne pensai même pas à applaudir.

Immobile, muette, écrasée par tout ce que je venais de découvrir en une demi-heure, c'est comme dans un rêve que j'entendis Asso me dire :

— Sais-tu maintenant ce que c'est qu'une artiste ?

Pendant quatorze jours, j'assistai à toutes les représentations de Marie Dubas, matinées et soirées. J'ai pris là mes meilleures leçons.

Aujourd'hui, mon admiration pour Marie demeure intacte. Elle est, elle sera toujours, « la Grande Marie ».

Il y a quelques années, je la rencontrai à Metz, où nous chantions toutes les deux dans des établissements différents. Au cours de la conversation, elle s'aperçut que je lui disais « vous ». Elle m'en fit la remarque.

— Tu ne me tutoies pas, Édith ?

— Non, Marie, lui répondis-je. Je vous admire trop. J'aurais l'impression de gâcher quelque chose…

V

Papa, c'était un lapin
Qui s'app'lait J.-B. Chopin
Et qu'avait son domicile
À Belleville...

BRUANT

Il y a quelques années, remontant en voiture sur Paris, je m'arrêtai pour déjeuner à Brive-la-Gaillarde. Le patron du restaurant, un sexagénaire à la mine fleurie et au verbe truculent, m'accueillit comme une amie de longue date. Comme je ne le reconnaissais pas, il m'expliqua qu'il avait été maître d'hôtel au Liberty's, le fameux cabaret de la place Blanche, et que c'était là qu'il m'avait vue, « tout juste après la guerre ». Pas la dernière, l'autre, celle de 1914.

Je fis un rapide calcul : à l'époque, j'avais cinq ans, six au plus. Le brave homme confondait, j'imagine, avec la môme Moineau, aujourd'hui Mme Benitez-Reixach.

Si je rappelle ce souvenir, c'est qu'il m'est pénible d'être prise pour une ancêtre, à un âge que je tiens pour très avouable encore.

Je suis née le 19 décembre 1915, à cinq heures du matin, à Paris, au 72 de la rue de Belleville. Ou, plus exactement, devant le 72[1]. Ses douleurs lui annonçant l'événement comme imminent, ma mère

1. Sur ce point, se rapporter à l'avant-propos du présent ouvrage.

était descendue sur le pas de la porte pour guetter l'ambulance que mon père était allé chercher, mais j'avais déjà fait mon entrée en ce monde, quand la voiture arriva. Je puis donc dire que je suis née dans la rue, ce qui est assez exceptionnel, et ajouter, ce qui ne l'est guère moins, qu'en la circonstance la sage-femme fut remplacée par... deux gardiens de la paix. Deux braves agents qui faisaient leur ronde et qui, alertés par les gémissements de ma mère, avaient su se montrer à la hauteur de la situation.

On me donna deux prénoms : Giovanna, qui ne m'a jamais plu, et Édith. Édith, parce que les journaux des jours précédents avaient longuement commenté la mort de l'héroïque Miss Édith Cavell, l'infirmière anglaise que les Allemands venaient de fusiller en Belgique.

Connue sous le nom de Line Marsa, ma mère – qui de son vrai nom s'appelait Maillard – était une « enfant de la balle ». Ses parents promenaient en Algérie un petit cirque voyageur. Venue à Paris pour y devenir « artiste », elle chantait dans les cafés le répertoire « réaliste », et des chansons à boire. J'ai toujours pensé que le Destin m'a fait faire la carrière même dont elle rêva et qu'elle a manquée, moins faute de talent que parce que la chance ne voulut pas lui sourire.

Mon père, Louis Gassion, était acrobate. Remarquablement doué pour les exercices physiques, d'une agilité et d'une souplesse extraordinaires, il travaillait tantôt dans les cirques et tantôt sur la place publique. Bohème de tempérament, c'est le « palc* »

* Le travail en plein vent. (Toutes les notes précédées d'un astérisque figuraient dans l'édition originale de 1958. *N.d.É.*)

qu'il préférait. Les disciplines l'exaspéraient, même quand elles ne le gênaient en rien. Il aimait la vie, sous tous ses aspects, et il estimait qu'on ne la savoure pleinement que dans l'indépendance. Il entendait être son maître, aller de droite et de gauche au gré de sa fantaisie et ne recevoir d'ordres de personne. Il étendait son vieux tapis sur le trottoir, dans un bistrot ou dans un réfectoire de caserne et là, à l'heure et à l'endroit par lui choisis, faisait son « numéro ». Il se sentait libre, il était heureux et, comme il était loin d'être sot, il vivait fort gentiment.

Ma mère l'ayant quitté peu après ma naissance, il me confia successivement à mes deux grand-mères, lesquelles habitaient en province, et c'est seulement lorsque j'eus atteint ma septième année qu'il me reprit avec lui pour m'associer à son existence vagabonde[1].

Il venait de signer un engagement au Cirque Caroli, qui « tournait » alors en Belgique. Je l'accompagnai. Je vivais dans la « caravane », je faisais le ménage, je lavais la vaisselle, ma journée commençait tôt et elle était dure, mais cette vie itinérante, avec ses horizons toujours renouvelés, me plaisait, et c'est avec ravissement que je découvrais le monde enchanté des « gens du voyage », avec ses

1. Plusieurs inexactitudes dans ces quelques lignes... La mère d'Édith n'a pas quitté son père peu après sa naissance : c'est lui qui est reparti au front une fois achevée la permission de quelques jours obtenue pour l'occasion. Le père d'Édith ne confia pas « successivement » sa fille à ses deux grand-mères (voir avant-propos) et ces dernières ne vivaient pas toutes les deux en province, Aïcha, sa grand-mère maternelle d'origine kabyle, habitant dans le XIXe arrondissement de Paris.

flonflons, la robe pailletée des clowns et la tunique rouge à brandebourgs dorés du dompteur.

Naturellement, ce qui devait arriver arriva. Le père Gassion se fâcha avec Caroli, reprit sa chère liberté, et nous rentrâmes en France. On voyageait toujours, mais l'hôtel remplaçait la roulotte et mon père était son propre patron. Et le mien aussi, bien entendu. Il étendait le « mouchoir* » sur le sol, faisait le boniment, exécutait un numéro de contorsionniste qui, dans une présentation plus soignée, n'eût pas été déplacé dans la piste de Medrano, puis, me désignant du doigt, il annonçait :

— Maintenant, la petite fille va passer parmi vous pour faire la quête. Ensuite, pour vous remercier, elle fera le saut périlleux !

Je faisais la quête, mais jamais le saut périlleux.

Un jour, à Forges-les-Eaux, un spectateur grincheux protesta, bientôt soutenu par quelques autres badauds qui, eux aussi, regrettaient leurs sous, puisque les « saltimbanques » ne tenaient pas leurs promesses. Papa, qui ne manquait pas d'esprit d'à-propos, expliqua que je relevais d'une grippe et que j'étais encore très faible.

— Vous ne vous figurez pas, ajouta-t-il, que cette enfant va se rompre le cou pour vous faire plaisir ? Mais, puisque j'ai eu le tort, emporté par l'habitude, d'annoncer un exercice qu'elle fait en se jouant et qu'elle est aujourd'hui incapable d'accomplir, elle fera autre chose : elle va chanter.

Je n'avais jamais chanté de ma vie et je ne savais pas la moindre chanson. Je ne connaissais que *La Marseillaise*. Et encore ! Le refrain seulement.

---

* Le tapis de travail.

Alors, bravement, de ma voix encore frêle et haut perchée, j'ai chanté *La Marseillaise* !

Les bonnes gens, touchés, ont applaudi.

Et, sur un clin d'œil discret du paternel, j'ai fait la quête une seconde fois. Nous faisions double recette !

Mon père n'était pas homme à ne pas tirer la leçon de l'aventure. Le tapis n'était pas replié qu'il avait déjà décidé que désormais je chanterais en fin de programme.

Et, le soir même, je me mettais à apprendre *Nuits de Chine, Voici mon cœur* et quelques autres rengaines qui devaient constituer mon premier répertoire.

Le père Gassion n'était pas un tendre. J'ai reçu ma part de taloches, largement servie. Je n'en suis pas morte.

J'ai longtemps cru qu'il ne m'aimait pas. Je me trompais. J'en ai eu la preuve, pour la première fois, à Lens, alors que j'avais huit ou neuf ans. Nous attendions le tramway. Assise sur une valise, je contemplais avec des yeux d'extase la vitrine d'un marchand de jouets. Il y avait là, blonde et rose dans sa robe couleur d'azur, une poupée, « une poupée de riche », qui tendait vers moi ses petites mains de carton-pâte. Jamais je n'avais rien vu de si beau !

Papa fumait sa cigarette au bord du trottoir.

— Qu'est-ce que tu regardes ? me demanda-t-il de loin.

— Une poupée.

— Combien coûte-t-elle ?

— Cinq francs cinquante.

Il plongea la main dans la poche de son pantalon et compta sa fortune : il ne possédait, en tout et pour tout, que six francs. Le dialogue s'arrêta là. Il fallait dîner le soir, payer l'hôtel, nous n'avions pas encore travaillé... et la recette n'est pas toujours ce qu'on espère. Le tramway arrivait. Je jetai un dernier regard à la poupée, persuadée que je ne la reverrais plus.

Mon père me l'acheta le lendemain, avant de prendre le train.

Ce jour-là, je compris qu'il m'aimait.

À sa manière.

Il ne m'a embrassée que deux fois.

La première fois, c'était au Havre. J'avais neuf ans et je passais en « attraction » dans un petit cinéma. Souffrant d'un gros rhume, enrouée, fiévreuse, j'avais dû garder le lit toute la journée, et mon père avait déjà prévenu qu'il ne fallait pas compter sur moi quand, vers le soir, je lui annonçai que, malade ou pas, j'irais à la représentation. Il me déclara que c'était de la folie, qu'il ne voulait pas avoir ma mort sur la conscience ; nous eûmes une longue discussion, et ma volonté finit par l'emporter. Je disposais d'un argument massue : le cachet. Quand on a vraiment besoin de lui, un cachet, si minime soit-il, vaut bien un effort. Je chantai et, à ma sortie de scène, papa me gratifia de deux gros baisers sur les joues, qui me laissèrent interdite et ravie. Jamais il n'avait été plus fier de sa fille.

La seconde fois, c'était quelques années plus tard. Nous étions brouillés depuis des mois. Avide de liberté, tout comme l'auteur de mes jours, j'avais voulu « vivre ma vie » et je me retrouvais à Tenon, où je venais de mettre au monde ma petite Marcelle. La première visite que je reçus, ce fut celle de papa. Il avait appris qu'il était grand-père et, tout ému, il accourait au chevet de la jeune maman, tous ses griefs oubliés. Il resta deux minutes sans pouvoir articuler une syllabe et il avait les yeux pleins de larmes quand il m'embrassa. Le lendemain, ma « belle-mère » du moment m'apportait une layette. Pas luxueuse, mais quand même une layette.

J'ai écrit « du moment », et la précision n'est pas inutile. Bel homme, mon père était assez volage – ou, si l'on préfère, terriblement coureur – et il ne demeurait jamais très longtemps seul. Il arrivait qu'on lui dît :

— Et cette petite, elle n'a pas de mère ?

Invariablement, il répondait :

— Elle en aurait plutôt trop !

De fait, j'ai eu plusieurs « belles-mères », plus ou moins temporaires, les unes gentilles, les autres moins, mais toutes supportables. Aucune ne m'a fait souffrir, papa ne l'aurait pas toléré.

Mon père ne consentit jamais à se séparer de moi, encore qu'il ait eu bien des fois l'occasion de le faire à des conditions pour lui très avantageuses. Souvent, en effet, des gens se présentaient qui se disaient prêts à s'occuper de mon éducation et à faire les sacrifices nécessaires pour assurer mon avenir artistique. Il les laissait dire, puis il les renvoyait, avec plus ou moins de formes, selon son humeur. À Sens, un couple « très bien » lui fit une offre magnifique : cent mille francs cash, une somme pour l'époque. Il refusa, sans l'ombre d'une hésitation.

— Si vous tenez tant à avoir un enfant, dit-il simplement, pourquoi n'en faites-vous pas un vous-mêmes ? Il n'y a pas besoin d'apprentissage !

Un jour, dans un café du faubourg Saint-Martin – c'était, je crois, chez Batifol, l'établissement où les artistes de variétés se retrouvaient à l'heure de l'apéritif –, une dame me demanda si je voulais l'embrasser.

— Papa, répondis-je, ne veut pas que j'embrasse les personnes que je ne connais pas.

Il était debout, au comptoir.

— Pour celle-là, me dit-il avec un demi-sourire, tu as la permission. C'est ta maman.

Et il ajouta :

— La vraie !

Papa et maman, qui durant leur vie passèrent si peu de temps l'un près de l'autre, reposent côte à côte au Père-Lachaise.

Je vais souvent prier sur leur tombe et c'est toujours avec tendresse que je pense à eux.

Et des larmes me montent aux yeux quand, songeant aux derniers instants de mon pauvre papa, je le revois, lui qui avait toujours vécu dans l'insouciance et comme si demain n'existait pas, tourner vers moi son visage amaigri pour me dire, d'une voix qui n'était déjà plus de ce monde :

— Achète de la terre, Édith !... Avec une bonne ferme, on est sûr de ne pas crever dans la misère !

VI

Quand il me prend dans ses bras,
Il me parle tout bas,
Je vois la vie en rose.
Il me dit des mots d'amour,
Des mots de tous les jours,
Ça me fait quelque chose.
Il est entré dans mon cœur
Une part de bonheur
Dont je connais la cause…

« La Vie en rose »
É. PIAF – LOUIGUY, 1946

Chanter des chansons, c'est le plus beau métier du monde. Je doute qu'il existe joie plus intense, plus complète, que celle de l'artiste conscient d'avoir, avec quelques refrains, transmis à ceux qui l'écoutent un peu de sa richesse personnelle.

Quand on me demande ce qu'il faut faire pour réussir comme interprète dans la chanson, je réponds, sans aucune illusion sur l'originalité de la formule : « Travailler, travailler, et encore travailler. »

Mais cela ne suffit pas, ce serait trop simple. Il faut être résolu à être soi-même, et à n'être que soi-même. Cela n'implique pas qu'il faille ignorer les autres. Au contraire, il faut aller les voir et profiter de la leçon qu'ils peuvent éventuellement vous donner. Il n'y a pas un tour de chant qui ne puisse vous apprendre quelque chose, quand ce ne serait que ce qu'il ne faut pas faire.

La grande tentation à laquelle il importe de résister, et ce n'est pas toujours aisé, c'est celle qui vous porte à forcer le succès en vous abandonnant à la facilité, à « faire des concessions » au public. Attention, danger ! Les concessions, on sait où elles commencent, on ne sait où elles vous entraîneront. Pour ma part, je m'efforce de n'en faire aucune. Je donne le meilleur de moi-même, je mets toute mon âme et tout mon cœur dans mes chansons, je veux de toute ma volonté établir entre la salle et moi un contact humain, entrer en communion avec ceux qui m'écoutent, mais, s'ils refusent de me suivre, je ne consentirai pas, pour les convaincre, à recourir à des astuces qui me diminueront à mes propres yeux et, à la longue, aux siens. On me prend ou on me laisse, mais je suis contre le clin d'œil complice, contre les « trucs » au prix desquels on achète des applaudissements dont on n'a pas lieu d'être fier.

Cette intransigeance paie toujours. À Bobino, quand j'ai chanté *Mariage*, de Henri Contet et Marguerite Monnot, on m'a boudée. Je n'ai pas cédé. J'ai maintenu *Mariage* dans mon « tour » et j'ai réussi à en faire un succès. Je pourrais citer d'autres œuvres qui, elles non plus, n'avaient pas « collé » à la création et qui, parce que je ne les ai pas abandonnées – et aussi parce qu'elles étaient belles –, sont devenues populaires. Je suis difficile dans le choix de mes chansons. Celles qui ne me plaisent pas, je les refuse impitoyablement, mais les autres, celles auxquelles « je crois », je les défends jusqu'au bout, et partout. Car je n'ai pas deux répertoires, un pour la scène et l'autre pour la radio. Pour moi, une chanson est bonne *en soi*, ou elle ne l'est pas. Et, si elle est valable, elle l'est partout.

Des textes, on m'en soumet des quantités. D'excellents et d'exécrables. Des couplets maladroits, contenant une idée dont on n'a pas su tirer parti, et d'autres, trop habiles, qui sont des démarquages de mes anciens refrains. (On m'a proposé vingt moutures de *Mon Légionnaire* et autant de *L'Accordéoniste.*) J'écarte ceux-ci comme ceux-là et je tente de ne retenir que des œuvres originales, sincères et « apportant quelque chose ». Je ne leur demande pas d'appartenir à un « genre » déterminé. Un tour de chant doit être varié. Bien sûr, je n'interpréterais plus aujourd'hui cet amusant *Corrèque et réguyer,* de Marc Hély et Paul Maye, que je chantais à mon premier passage à l'A.B.C., mais, tout en plaçant mon « tour » dans un certain climat qui lui donne son unité, je m'applique à le diversifier et on voudra bien m'accorder qu'il y a loin de *Jézabel* à *La Vie en rose,* de *L'Homme à la moto* à *Enfin le printemps !* et de *L'Autre Côté de la rue* à *Monsieur Saint-Pierre.*

Le texte est dans une chanson ce qui m'intéresse d'abord. Je n'ai jamais compris le mot célèbre de Thérésa, la fameuse chanteuse de la fin du siècle dernier, disant à ses paroliers : « Faites stupide ! Si vous mettez de l'esprit dans vos couplets, qu'aurai-je à y mettre, moi ? » Curieux raisonnement. Créer une chanson, c'est faire vivre un personnage. Comment y parvenir si les paroles sont médiocres, même si la musique est bonne ?

Qu'on n'aille pas, surtout, conclure de ce qui précède que je tiens la musique pour d'importance secondaire !

Une chanson privée de sa musique peut rester un très beau poème. Elle ne gagne rien à cette amputation. Une chanson réussie forme un tout qu'on ne peut dissocier sans dommage. Raymond Asso, il y a quelques années, a *dit* ses chansons au cabaret.

Malgré la qualité poétique d'un texte sans bavure, et bien qu'il dise ses vers mieux que personne, elles ne dégageaient plus la même émotion : il leur manquait la musique.

La musique qui – la phrase est de Raymond Asso lui-même – « donne au poème son vrai climat, l'atmosphère indispensable ».

Et comment parlerais-je de musique sans rendre hommage à celle qui pour moi est la vivante et radieuse incarnation de la musique, Marguerite Monnot, ma meilleure amie et la femme que j'admire le plus au monde ?

Très jolie, très fine et fort cultivée, Marguerite n'a qu'un défaut : elle ne soigne pas sa publicité et elle se montre d'un tel désintéressement qu'on se dit parfois qu'il serait urgent de la gratifier d'une sorte de conseil judiciaire qui lui interdirait de s'occuper de ses affaires et les traiterait à sa place.

À trois ans et demi, elle jouait du Mozart en public, à la salle des Agriculteurs, et recevait son premier cachet : un chat en peluche. Nourrie de musique classique, élève de Nadia Boulanger et de Cortot, c'est à une brillante carrière de concertiste qu'elle a renoncé pour écrire des chansons.

Composée sur des paroles de Tristan Bernard – mais oui ! – sa toute première chanson fut une valse, *Ah ! les jolis mots d'amour,* que Claude Dauphin et Alice Tissot fredonnaient dans un film. Mais c'est *L'Étranger* qui marque ses véritables débuts dans un art où elle allait exceller et auquel pourtant sa formation, toute classique, ne l'avait nullement préparée. Après ce coup de maître, qui me valut de faire sa connaissance, vint *Mon Légionnaire,* qu'elle écrivit en quelques heures et qui la fit célèbre. Il y eut ensuite les autres, toutes les autres : *Le Fanion de la Légion* et *Je n'en connais pas la fin*, avec Asso ; *Escale*, avec Jean Marèze ; *Histoire de cœur, Le ciel est fermé, Le Petit Homme*, avec Henri Contet ; *La Goualante du pauvre Jean*, avec René Rouzaud, et je suis trop fière d'avoir collaboré avec Marguerite pour ne pas ajouter à cette liste, où manquent tant de titres, quelques-unes des chansons qu'elle a bien voulu écrire avec moi : *La Petite Marie, Le diable est près de moi* et *Hymne à l'amour*, pour n'en citer que trois.

Marguerite Monnot est la femme la plus chantée du monde.

Je ne puis dire qu'une chose : c'est justice.

J'ai eu la chance d'être la première à interpréter beaucoup de belles chansons, mais il en est beaucoup aussi que j'aurais aimé créer... et que je ne chanterai jamais. À mon vif regret.

La Mauvaise Prière, de Louis Aubert, par exemple. Chaque fois que j'ai entendu Damia « vivre » cette extraordinaire chanson, avec toute l'intensité dramatique qu'elle sait mettre dans ses interprétations, j'ai reçu un choc. Bouleversée, j'ai applaudi, crié mon admiration. Et je suis rentrée chez moi le cœur un peu gros. J'aurais aimé chanter *La Mauvaise Prière*. Mais allez donc la reprendre après Damia !

J'ai déjà dit en quelle haute estime je tiens le talent de Marie Dubas. Elle m'a fait pleurer de vraies larmes, et plus d'une fois, avec *La Prière de la Charlotte*, la pitoyable fille des rues qui, un soir de Noël, transie et le ventre creux, supplie la Sainte Vierge de la faire mourir, après s'être offerte à la décharger un instant de son précieux fardeau...

... Un enfant, c'est lourd à la fin...

Je sais le texte de Rictus, si dense, si pathétique, si « humain ». Je ne le dirai jamais. Après Marie Dubas, il y a des expériences qu'on ne peut risquer.

Comme un moineau, je l'ai chantée. J'ai une excuse : j'avais quinze ans et j'ignorais jusqu'au nom de Fréhel, de qui je devais faire la connaissance plus tard, chez Leplée. Elle avait gardé *Comme un moineau* à son répertoire. Le soir où je l'ai entendue, j'ai eu honte... et j'ai compris qu'il me fallait encore travailler, et beaucoup, avant de me dire « artiste ».

D'autres titres me viennent à l'esprit de chansons que j'aurais aimé créer : *Je chante*, de Charles Trenet, *Les Premiers Pas*, un des succès d'Yves Montand, *La Guadeloupe*, elle aussi marquée par Marie Dubas, *Miss Otis regrette*, que chantait si bien Jean Sablon...

Et puis... *La Vie en rose* !

Ça, c'est encore une belle histoire.

Car cette chanson, que je n'ai pas créée, j'en ai écrit les paroles et la musique.

C'était en 1945. J'avais déjà composé la musique d'un certain nombre de chansons, dont *Jour de fête*, toutes harmonisées par Marguerite Monnot, mais je n'appartenais pas encore à la S.A.C.E.M.*.

Ici, j'ouvre une parenthèse. Parce que j'imagine que de bons petits camarades ne liront pas sans froncer le sourcil la phrase que je viens d'écrire. Et je les entends d'ici, disant : « Tiens, elle ne se rappelle pas qu'elle a été recalée à la S.A.C.E.M. ! »

---

* La Société des auteurs, compositeurs et éditeurs de musique, dont le siège est à Paris, rue Chaptal.

Alors, pour leur couper leur effet, j'avoue. J'ai subi un échec à l'examen d'admission. Je pourrais faire observer que j'étais alors en mauvais état de santé, mais pourquoi chercher des excuses ? J'ai été reçue huit mois plus tard et j'ai été consolée – oh ! mais tout à fait – le jour où Marguerite Monnot m'apprit qu'elle avait, elle aussi, été « retoquée » à ce même examen. Comme, avant elle, bien des années auparavant, Christiné, le compositeur de *Phi-Phi* !

La parenthèse fermée, je reviens à *La Vie en rose*. Par un bel après-midi de mai 1945, donc, j'étais assise, devant un porto, dans un cabaret des Champs-Élysées, avec mon amie Marianne Michel. Venue de Marseille, elle avait fait des débuts parisiens très prometteurs et cherchait la chanson qui la lancerait.

— Pourquoi ne m'en faites-vous pas une ? me dit-elle.

La musique de *La Vie en rose* était écrite. Je la lui fredonnai et, le thème lui plaisant, elle me demanda de finir la chanson, qui n'avait encore ni paroles, ni titre.

— Entendu ! m'écriai-je. Et je vous la fais tout de suite !

Sur quoi, je prends mon stylo et j'aligne sur la nappe de papier deux premiers vers :

Quand il me prend dans ses bras,
Je vois les choses en rose…

Marianne fait la moue.

— Vous trouvez ça bien, « les choses » ?… Si vous mettiez « la vie » ?

— Bonne idée !… Et ça s'appellera *La Vie en rose*… Le titre sera de vous.

Et je corrige :

Quand il me prend dans ses bras,
Je vois la vie en rose…

La chanson faite, il me restait à trouver quelqu'un pour la signer, puisqu'il m'était impossible de la déposer moi-même à la S.A.C.E.M. Je la montre à Marguerite Monnot. Elle me regarde avec stupeur.

— Tu ne vas pas chanter une niaiserie pareille ?

— Je comptais sur toi pour la signer.

— Non ?… Ça ne m'emballe guère.

Je n'insiste pas. Je reprends ma chanson et je vois d'autres compositeurs. Ils se dérobent, eux aussi, et j'en trouve même un pour me dire :

— Tu badines ? Tu m'as refusé dix chansons depuis trois ans et tu veux que j'assume la paternité d'une chanson que tu ne chanteras pas et qui, par conséquent, rapportera des clous ! Tu vas fort !

Je désespérais quand Louiguy – qui devait, plus tard, m'écrire *Bravo pour le clown*[1] – consentit à me donner cette signature dont je commençais à croire que je ne l'obtiendrais jamais. Je doute qu'il s'en soit repenti.

Créée par Marianne Michel, *La Vie en rose* est devenue un succès mondial. Traduite en une douzaine de langues, dont le japonais, elle a fait l'objet d'enregistrements innombrables, certains par des artistes tels que Bing Crosby et Louis Armstrong, et la vente des disques a atteint le chiffre prodigieux de trois millions d'exemplaires. La chanson est aussi populaire aux USA que chez nous, elle m'est

1. Louiguy est bien évidemment le compositeur de cette chanson, les paroles étant d'Henri Contet. *(N.d.É.)*

réclamée à chacune de mes apparitions à New York, on la fredonne dans les rues et il y a, dans Broadway, un *night-club* qui s'appelle La Vie en rose, probablement le seul du globe à avoir pris pour enseigne le titre d'une chanson française.

J'ai chanté *La Vie en rose* deux ans après Marianne Michel.

Je suis heureuse d'avoir écrit cette chanson pour elle, heureuse de lui avoir fait plaisir.

Mais je regretterai toujours un peu de n'avoir pas créé *La Vie en rose*[1].

---

1. Dans le jargon du métier, celui qui crée une chanson est celui qui la chante pour la première fois en public ou sur disque. Lorsqu'il s'agit de deux artistes différents, on parle alors de créateur à la scène et de créateur discographique. Bien que la notion de création puisse prêter à confusion, en matière de chanson, elle ne se réfère donc ni à l'écriture des paroles (œuvre de l'auteur) ni à celle de la mélodie et de l'harmonie (travail du compositeur). Ainsi, sauf à être eux-mêmes interprètes, les auteurs ou compositeurs d'une chanson en sont rarement les créateurs. « La Vie en rose » sera donc créée par Marianne Michel, en 1945. Édith Piaf, quant à elle, ne l'enregistrera que le 4 janvier 1947. Le succès, bien sûr, sera phénoménal, et « La Vie en rose » reste, aujourd'hui encore, l'une des chansons françaises les plus souvent reprises à travers le monde.

VII

Depuis quelque temps l'on fredonne
Dans mon quartier une chanson,
La musique en est monotone
Et les paroles sans façon.
Ce n'est qu'une chanson des rues,
Dont on ne connaît pas l'auteur,
Depuis que je l'ai entendue,
Elle chante et danse en mon cœur...

« Je n'en connais pas la fin »
R. Asso – M. Monnot, 1939

Pendant plusieurs années, je ne chantai guère que les chansons écrites pour moi par Raymond Asso. Ses refrains devenaient populaires aussitôt que créés, et j'ai plaisir à ajouter qu'ils n'ont pas vieilli. Il suffirait qu'une vedette les reprenne demain pour que la France entière se remette à les fredonner. C'étaient, parmi d'autres, *Je n'en connais pas la fin, Le Grand Voyage du pauvre nègre, C'est lui que mon cœur a choisi, Browning* et *Paris-Méditerranée,* comme *Mon Légionnaire* née d'un souvenir que j'avais raconté à Asso. Descendant dans le Midi par un train de nuit, je m'étais endormie, la tête sur l'épaule du beau garçon que le hasard m'avait donné comme compagnon de voyage. Sa joue s'était posée sur la mienne, très doucement, et je ne l'avais pas repoussée.

Un train dans la nuit vous emporte,
Derrière soi des amours mortes
Et dans le cœur un vague ennui...

Alors sa main a pris la mienne
Et j'avais peur que le jour vienne.
J'étais si bien contre lui.

À Marseille, deux messieurs l'attendaient sur le quai de la gare Saint-Charles, deux inspecteurs. Il les vit trop tard pour les éviter. Il avait les menottes aux poignets quand je l'aperçus pour la dernière fois, déjà perdu dans la foule qui s'éloignait vers la sortie. Je n'ai plus jamais entendu parler de lui et il est probable que, pas plus que le « légionnaire », il n'a jamais soupçonné qu'il avait inspiré à Raymond Asso une de ses plus belles chansons.

Quand la guerre m'eut séparée de Raymond Asso, je dus me préoccuper de trouver d'autres paroliers. Remplacer Asso, c'était difficile[1]. Car, si

1. S'il est vrai que c'est Louis Leplée qui a découvert la Môme Piaf, c'est vraiment Asso qui l'a faite telle que nous l'avons connue. C'est lui qui le premier tentera de synthétiser tous les mythes dont elle est pétrie pour mieux les projeter dans des chansons écrites sur mesure qui, bien plus que des éléments de répertoire, seront les fondations d'une véritable fantasmatique collective faisant de la chanteuse une sorte d'icône, dont le poète Jacques Audiberti disait : « Édith Piaf sait faire brûler le ténèbre du peuple. » Asso était un pygmalion de génie qui ne s'est pas contenté de comprendre très vite toutes les nuances du personnage Piaf, mais qui l'a modelé à force de travail, de patience et – parfois – de coups, pour en éliminer toutes les scories, tous les artifices, jusqu'à faire de l'ancienne chanteuse des rues une immense tragédienne de la chanson. C'est également Asso qui lui fera découvrir la lecture, et lui trouvera son nom de scène définitif : lui faisant abandonner La Môme Piaf au profit d'Édith Piaf. Mobilisé aux premiers jours de la drôle de guerre, Raymond Asso rejoint son unité à Digne. Quelques semaines plus tard, il sera remplacé par Paul Meurisse dans le cœur d'Édith, qui n'a jamais su se passer bien longtemps d'une présence masculine.

l'on voit naître chaque année des milliers de chansons, les bons auteurs, je l'ai déjà noté, sont fort rares. Le doux Béranger le constatait bien avant moi, qui écrivait : « Ce n'est pas pour exagérer mon petit mérite – celui qui me découvrira de la variété sera bien fin –, mais enfin il y a toujours eu plus de bons auteurs dramatiques que de gens excellant dans la chanson. » Cette vérité vaut aujourd'hui comme au siècle dernier, je l'affirme en connaissance de cause.

Heureusement la chance voulut bien me sourire à différentes reprises dans cette souvent décevante quête aux auteurs. C'est ainsi que je n'ai pas eu à aller chercher Michel Emer. Il vint à moi, et dans des circonstances assez curieuses pour être rappelées.

Je l'avais croisé, avant la guerre, dans les couloirs de Radio-Cité et trouvé fort sympathique : des yeux luisant d'intelligence derrière des verres énormes, un sourire découvrant des dents d'une blancheur éclatante, une conversation étincelante d'esprit et, par-dessus le marché, une courtoisie assez peu courante, il faut bien l'avouer, dans les studios, qu'ils soient de radio ou de cinéma. Je savais qu'il avait du talent. Mais, pour moi, Michel Emer, c'était les fleurs, le ciel bleu, les petits oiseaux, une manière de Delmet à la mode du jour, écrivant de très jolies choses, mais qui ne pouvaient me convenir.

La guerre était déclarée depuis quarante-huit heures. J'étais chez moi, avenue Marceau, quand on vient me dire que Michel Emer est dans l'antichambre, avec une chanson qu'il voudrait me présenter. Je fais répondre que, devant me rendre à une répétition, je ne puis le recevoir. Il insiste, et j'apprends qu'il est mobilisé et doit, à minuit, prendre le train à la gare de l'Est. Impossible de le laisser partir sans avoir entendu sa chanson. Je décide donc de lui accorder un instant. Et, quand il entre, je le préviens :

— Je te donne dix minutes, caporal Emer.

— Il ne me faut pas tant.

Là-dessus, il s'assied au piano et il me joue *L'Accordéoniste.*

La fill' de joie est belle
Au coin d' la rue, là-bas.
Elle a un' clientèle
Qui lui remplit son bas...

Excellent pianiste, il chante mal. Mais j'écoute, le souffle coupé. Il n'a pas encore attaqué le second couplet que déjà ma décision est prise : cette chanson que je ne voulais pas entendre, je veux être la première à la chanter :

Elle écout' la java,
Mais ell'ne la dans' pas,
Ell' ne regarde mêm' pas la piste,
Mais ses yeux amoureux
Suivent le jeu nerveux
Et les doigts secs et longs de l'artiste...

Et c'est, tout à la fin, après le dernier vers du troisième refrain, la trouvaille extraordinaire, pour ne pas dire « le coup de génie », la musique continuant un instant jusqu'au moment où, excédée, la fille, la pauvre fille qui n'en peut plus, s'écrie :

Arrêtez ! Arrêtez la musique !

Michel n'a pas eu le temps de me demander ce que je pensais de sa chanson. Je lui ai simplement dit :

— Recommence.

Il m'a joué *L'Accordéoniste* une seconde fois, puis une troisième.

Et il a continué. Il était arrivé à deux heures de l'après-midi, je ne l'ai lâché qu'à cinq heures du matin. Je savais la chanson et j'avais résolu de la créer le soir même à Bobino, où je débutais. Michel est venu avec moi à la répétition, il a assisté à la première… et il a rejoint son unité avec trois jours de retard.

Frôlant le conseil de guerre, mais heureux, bien que *L'Accordéoniste* eût été accueilli par le public avec une certaine réserve. Le spectateur, dérouté, se demandait si la chanson était finie ou non.

L'Accordéoniste devait, par la suite, prendre une belle revanche.

Parolier et compositeur, Michel Emer possède le don, plus rare qu'on ne pense, de trouver des airs qui, dès la première audition, restent gravés dans la mémoire.

J'ai dit l'importance des paroles. Mais une chanson, c'est aussi « un air ». Tout bêtement. « Si une chanson n'est pas un air, écrit Jean Wiener, l'auteur du *Grisbi*, ce n'est pas tout à fait une chanson. » Et il précise qu'un air, c'est « une ligne mélodique, simple, symétrique, logique, constante, accessible, et qu'on retient à peu près immédiatement ».

Des airs, Michel Emer en produit comme un pommier produit des pommes. Ses audaces déconcertent parfois le public, à qui elles font l'effet d'un coup de poing au creux de l'estomac, mais il est sans exemple qu'il n'ait pas réussi à les faire accepter et je me sens toujours en sécurité quand j'interprète une des chansons qu'il a écrites pour moi : *Monsieur Lenoble, Télégramme, Qu'as-tu fait, John ?, Le Disque usé* et tant d'autres, sans oublier *De l'autr' côté d' la rue* :

Y a pas à dire, elle aim' trop la vie
Et un peu trop les beaux garçons.
Elle a un cœur qui s'multiplie.
Et ça lui fait d' drôles d'additions !

J'ai connu Henri Contet au studio, en 1941, alors que je tournais *Montmartre-sur-Seine*. Journaliste, il était chargé de la publicité du film et c'est à la cantine qu'il m'apprit un jour qu'il avait, quelque dix ans plus tôt, « commis » des chansons.

— J'avais vingt ans, ajoutait-il, comme pour s'excuser.

Une de ces chansons, *Traversée*, écrite sur une musique de Jacques Simonot, avait plu à Lucienne Boyer, qui l'avait mise dans son « tour », bien que, très dramatique, elle fût fort éloignée de son genre habituel. Fâcheuse inspiration : la critique, à qui il arrive de ne pas aimer qu'on aille contre ses habitudes et qui a le goût de la classification, rappela à Lucienne que le « charme » était sa spécialité et qu'elle ne devait pas chercher à s'en évader. Elle n'insista pas. Elle abandonna *Traversée*, et Henri Contet, dégoûté, renonça à la chanson.

Mais il écrivait des poèmes. J'en lus quelques-uns et, enthousiasmée, je lui demandai de me faire une chanson. Peu après, il m'en apportait deux : *Le Brun et le Blond* et *C'était une histoire d'amour.*

Mon flair ne m'avait pas trompée : Henri Contet avait devant lui une brillante carrière de parolier.

Cette carrière, il l'a faite... et elle se poursuit. Je lui dois un grand nombre de chansons, qui sont parmi les plus belles de mon répertoire. Des titres ? *Le Vagabond*, d'abord...

C'est un vagabond
Qui est joli garçon.
Il chant' des chansons
Qui donnent le frisson.

Et puis *Un air d'accordéon, Y a pas d'printemps*, qu'il écrivit en vingt-cinq minutes, à la suite d'un pari que j'avais fait avec lui – et qu'il gagna, haut la main –, *Coup de grisou, Monsieur Saint-Pierre, Histoire de cœur, Mariage, Le Petit Homme*[1], qui exprime avec tant de merveilleuse simplicité la solitude de l'homme dans le monde actuel, et encore *Bravo pour le clown*, que je ne voudrais pas oublier.

Je suis Roi et je règne,
Bravo, bravo !
J'ai des rires qui saignent,
Bravo, bravo !
Venez, que l'on m'acclame,
J'ai fait mon numéro
Tout en jetant ma femme
Du haut du chapiteau...

1. « Le Petit Homme », chanson originale d'Henri Contet, sur une musique de Marguerite Monnot, fut enregistrée par Édith Piaf le 9 octobre 1946. L'adaptation américaine, due à Rick French, fut mise en boîte le 11 juillet 1956, aux studios Capitol de Los Angeles. Destiné au marché américain, le disque ne sortira qu'en 1964, après la disparition de la chanteuse.

Henri Contet, que je tiens pour un grand poète – et d'autres partagent cette opinion –, continue de faire des vers. Mary Marquet en a dit, à plusieurs reprises, au cours de ses récitals de poésie. C'est une référence. Je souhaite qu'il les réunisse en volume pour le plus grand plaisir de ses amis et l'étonnement (heureux) de ceux qui ne le connaissent pas.

Mais j'espère bien qu'il continuera à m'écrire de belles chansons.

VIII

Il a des yeux,
C'est merveilleux,
Et puis des mains,
Pour des matins,
Il a des rires
Pour me séduire
Et des chansons...

« Il a »
É. Piaf – M. Monnot, 1945

C'est au Moulin Rouge que j'ai entendu Yves Montand pour la première fois. J'avais été engagée pour quatorze jours, et la direction du célèbre music-hall de la place Blanche m'avait invitée à désigner moi-même l'artiste qui passerait dans « mon » programme en vedette américaine, c'est-à-dire juste avant l'entracte, à la fin de la première partie du spectacle.

Je songeai tout d'abord au fantaisiste Roger Dann, qui se partageait alors entre le tour de chant et l'opérette. Il n'était pas libre. On me proposa Yves Montand. Je l'avais rencontré à Marseille, quelques années plus tôt, au temps où le regretté Émile Audiffred guidait ses premiers pas dans la profession, et j'avais beaucoup entendu parler de lui. Il avait une grosse cote dans tout le Midi et, à chacun de ses passages à l'Alcazar de Marseille, le doyen des music-halls français – il a été construit en 1852 –, il « faisait un malheur », comme on dit là-bas. Ses début parisiens, à l'A.B.C., en 1944, avaient failli tourner au désastre. Mort de trac, il était entré en scène vêtu d'une veste à carreaux passablement excentrique. Aux galeries, un loustic avait crié : « Zazou ! » et la salle, bourrée d'admirateurs de Dassary, vedette du spectacle, avait éclaté de rire, rendant fort difficile la tâche de Montand. Sa diction, encore rocailleuse, son accent marseillais, le quadruple accent circonflexe dont il coiffait la plupart de ses « o », notamment dans le mot « harmonica », qui revenait souvent dans ses chansons, sa gesticulation excessive enfin, tout cela n'avait rien arrangé, et cette première soirée ne s'était pas achevée de façon triomphale. Je le savais, mais je savais aussi qu'il avait, avec beaucoup d'intelligence, tiré la leçon de l'aventure : le lendemain, laissant son affreux veston dans sa loge, il s'était présenté au public en corps de chemise et pantalon marron, le col largement ouvert sur la poitrine, et son succès avait été net. On pouvait *a priori* lui faire confiance. Quand un artiste a la volonté de se corriger de ses défauts lorsqu'il les découvre, s'il « rectifie le tir » quand il comprend ses erreurs, on peut le jouer gagnant à plus ou moins longue échéance. Il n'est pas de ceux qui restent en chemin.

Audiffred m'affirmant que depuis l'A.B.C. son poulain avait encore fait d'énormes progrès, je donnai mon acceptation de principe à l'engagement de Montand, précisant toutefois qu'elle ne deviendrait définitive que lorsque je l'aurais entendu. On prit jour pour une audition. Yves m'a avoué depuis qu'il avait, sur le moment, trouvé la prétention exorbitante et qu'il n'avait pas caché à son impresario qu'il me tenait pour une « marchande de cafard », comme toutes les réalistes, avec cette circonstance aggravante que j'étais de surcroît une redoutable « enquiquineuse ».

Le jour de l'audition arriva. J'étais à peu près seule dans la vaste salle du Moulin, perdue dans l'ombre. Yves chanta et, tout de suite, j'ai été conquise. Une personnalité du tonnerre, une impression de force et de solidité, des mains éloquentes, puissantes, admirables, un beau visage tourmenté, une voix grave et, miracle, presque plus d'accent marseillais. Yves s'en était débarrassé au prix de patients exercices.

Il ne lui manquait que… des chansons. Celles qu'il donnait étaient franchement impossibles : des refrains de cow-boys, faciles et parfois vulgaires, un américanisme de fantaisie, qui devait porter sur le public – la Libération était proche –, mais qui restait à mes yeux des plus fâcheux. Yves Montand valait mieux que cela.

Sa quatrième chanson terminée, je quittai ma place et j'allai au bord de la scène. Il avança jusqu'à la rampe. Je me reverrai toujours, toute petite et comme écrasée par la haute silhouette de ce grand garçon tout en longueur, vers lequel je levais un visage qui se trouvait à peu près à la hauteur de ses chevilles.

Je lui dis qu'il était « formidable » et qu'on pouvait en toute tranquillité lui prédire une magnifique carrière. Après quoi, l'ayant rejoint sur le plateau, j'ajoutai l'essentiel : il lui fallait absolument changer de répertoire, interpréter des œuvres de qualité, des chansons qui seraient de vraies chansons, lui permettant de camper des personnages et d'exprimer quelque chose.

Il m'a regardée, un peu étonné, pensant sans doute que je m'occupais de ce qui ne me concernait pas, puis il a laissé tomber du bout des lèvres un « oui » manquant totalement de conviction. Il me l'accordait, je m'en rendis compte, pour me faire plaisir et pour avoir la paix. Il n'allait pas contrarier la vedette du spectacle, bien sûr, mais les conseils qu'elle pouvait lui donner ne l'intéressaient pas.

Je lui demandai s'il m'avait jamais entendue chanter. Sur sa réponse négative, je lui dis :

— Eh bien ! ça va être mon tour. Profitez de l'occasion.

Il alla s'asseoir dans la salle, à peu près à la place que je venais de quitter, et je répétai mon tour de chant.

À la fin, escaladant la scène, il est venu à moi et, après m'avoir décerné des éloges que je ne veux pas rapporter, il m'a dit très simplement :

— Pour mon répertoire, vous avez raison. Je suivrai votre conseil. Seulement, ça va être dur !

Yves Montand est aujourd'hui un des grands de la chanson. Par degrés, mais très vite pourtant, il s'est évadé du genre qui menaçait de le tenir prisonnier. Jean Guigo et Henri Contet lui valurent, avec *Battling Joë*, *Luna-Park* et *Gilet rayé*, les premiers « succès » dont il pût être fier. Il y campait des « types », et de façon inoubliable : le malheureux boxeur qui devient aveugle de Battling Joë,

C'est un nom maint'nant oublié,
Une pauvre silhouett' qui penche,
Appuyée sur une cann'blanche...

le petit bourgeois pour qui le suicide est l'unique porte de sortie de *Ce monsieur-là*, le patron d'hôtel qui finit au bagne de *Gilet rayé*. D'autres ont suivi, innombrables, et on ne saurait citer toutes les chansons qu'il a créées et marquées de sa forte personnalité.

Yves Montand a gagné sa bataille.

Il l'a gagnée à force de courage et de volonté. Car, s'il bouleversa du jour au lendemain son tour de chant, il lui fallut ensuite se battre longtemps et durement pour imposer le nouveau Montand. Il avait fait peau neuve, mais le public s'était accoutumé à le voir sous un certain éclairage, et le spectateur, comme le critique, n'aime pas trop qu'on heurte ses habitudes. À Lyon, à Marseille, des salles qui l'acclamaient naguère restaient sur la réserve. Il aurait pu forcer le succès en reprenant les refrains faciles qu'on lui réclamait. Il s'y refusa. Il avait commencé d'avancer, il ne ferait pas un pas en arrière, si grande que fût la tentation. Ses nouvelles chansons étaient bonnes, il le savait, il ne les lâcherait pas.

Parfois, c'était entre lui et un public rétif de véritables bagarres. Il sortait de scène épuisé, mécontent, furieux même, mais non vaincu.

Vingt fois, il m'a dit :

— C'est épouvantable, Édith, mais je ne céderai pas ! C'est moi qui ai raison. Ils finiront bien par en convenir !

Et le jour vint, en 1945, à l'Étoile – il passait, en « américaine » encore, dans un spectacle dont j'étais la vedette –, où, acclamé par un public qui ne lui ménageait plus ses bravos, il put, regagnant la coulisse, me dire, rayonnant de joie :

— Cette fois, Édith, ça y est ! Je les ai eus !

Quelques années plus tard, dans la même salle, où il revenait cette fois en « tête d'affiche », il remportait, devant le Tout-Paris, une manière de triomphe.

Sa jeune maîtrise reconnue, il était devenu le grand Montand.

Et, bien que la vie nous ait séparés, je reste fière de pouvoir dire que j'ai été pour quelque chose dans sa réussite.

Il y a un mot de Maurice Chevalier que je rappelle volontiers.

Il le prononça, il y a bien des années déjà, à l'Empire ou à l'Alhambra, après son tour de chant. Pour la première fois, il avait occupé seul toute la seconde partie du spectacle, décrochant enfin cette grande vedette à laquelle il rêvait depuis le temps où il n'était encore que « le petit Chevalier », près d'un quart de siècle plus tôt. La soirée s'était achevée sur d'interminables ovations et des amis sans nombre, connus et inconnus, n'avaient pas voulu quitter le théâtre sans avoir serré la main du triomphateur. Il avait accueilli leurs félicitations avec son flegme et sa gentillesse ordinaires et il restait seul avec quelques intimes.

— Drôle de défilé ! s'écria-t-il en souriant. Il y a ceux qui me disent : « Eh bien ! mon vieux, tu y as mis le temps, à réussir ! » et ceux qui me disent : « Vous êtes arrivé vite ! » Avez-vous remarqué que ce sont les premiers qui me tutoient ? Ceux-là seuls, mes poteaux de toujours, savent que la vie ne m'a pas fait de cadeaux…

L'observation ne manque pas de justesse. Le public a tendance à croire que notre combat a commencé le jour où il a entendu parler de nous pour la première fois. L'idée ne lui vient pas qu'il y a des années que nous bataillons sans qu'il ait soupçonné notre existence et que celle-ci aurait parfaitement pu lui rester à jamais inconnue si la chance n'avait consenti à nous donner un petit coup d'épaule.

Je sais que, pour ma part, j'ai plus d'une fois pensé, découragée, que j'allais abandonner la lutte. J'ai attendu dans les bureaux des imprésarios, et il m'est arrivé bien souvent de me retirer sans même avoir été reçue, j'ai connu les lointains déplacements qui vous emmènent (en troisième classe) au fond de la Bretagne ou du Dauphiné pour un cachet de misère, j'ai « levé le torchon* » comme les camarades, ouvrant le spectacle, en « numéro un », puis passant en « deux », en « trois » et enfin en « quatre », avant de me voir accorder la vedette américaine, puis, récompense suprême, la « tête d'affiche ». Années difficiles, mais apprentissage utile.

Au music-hall comme ailleurs, et peut-être plus qu'ailleurs, le métier, support indispensable du talent, ne s'improvise pas. On l'acquiert peu à peu.

Vérité première ? Sans doute. Mais bonne à rappeler, bien des jeunes artistes semblant aujourd'hui la méconnaître. On veut, comme disent les bonnes gens, être arrivé avant d'être parti. La radio et le disque aidant, un agent de publicité habile, pour peu qu'il dispose de crédits suffisants, fabrique une vedette en deux saisons. Et celle-ci, à force de s'entendre répéter qu'elle a du génie, finit par le croire, alors qu'il lui reste sinon tout, du moins beaucoup à découvrir d'un art difficile dont elle n'a pas pris la peine d'apprendre l'*a b c*.

Ce qui explique que certaines de ces étoiles ne soient que des météores, filant dans le ciel du music-hall et disparus aussi vite qu'ils étaient venus.

Heureusement, il y a aussi des jeunes, et nombreux, qui travaillent, qui se cherchent et qui, peu à peu, par un long et patient effort, celui-là même

---

* Lever le rideau, ouvrir le spectacle, en argot de coulisses.

qu'ont fourni leurs aînés, finissent par se trouver et par s'imposer. Jamais la Chanson n'a été plus qu'aujourd'hui riche de jeunes talents originaux.

J'ai eu la chance d'aider quelques-uns de ceux-ci à percer.

J'espère bien l'avoir souvent encore. C'est si bon de se dire qu'on a été le porte-bonheur de quelqu'un !

IX

Une cloche sonne, sonne,
Sa voix d'échos en échos
Dit au monde qui s'étonne :
« C'est pour Jean-François Nicot ! »
C'est pour accueillir une âme,
Une fleur qui s'ouvre au jour,
À peine, à peine une flamme,
[encore faible, qui réclame
Protection, tendresse, amour !

« Les Trois Cloches »
J. VILLARD, GILLES, 1946

Et j'en arrive, par une transition toute naturelle, à vous parler de mes amis, les Compagnons de la Chanson.

Ils sont neuf, comme vous savez. *Neuf garçons, un cœur*, comme le proclame le titre d'un film qu'ils ont tourné. Et j'ajouterai : « Et du talent comme cent ! »

J'ai fait leur connaissance pendant la guerre, à l'occasion d'un gala donné à la Comédie-Française. Marie Bell et Louis Seigner, ayant entendu à Lyon cette troupe de jeunes chanteurs spécialisée dans l'interprétation des œuvres de folklore, avaient eu l'heureuse idée de la présenter aux Parisiens. La soirée fut interrompue par une alerte, qui décida la majeure partie du public à rentrer chez soi. Le spectacle reprit, le danger passé, devant une assistance restreinte, et je ne regrettai pas d'être restée.

Les Compagnons avaient déjà beaucoup de talent. Sans doute, fortement imprégnés encore du style « feu de camp », ils manquaient d'expérience, mais la jeunesse est un charmant défaut et, s'il leur arrivait de ne tirer qu'un médiocre parti de certaines de leurs chansons, leurs erreurs mêmes étaient sympathiques. Il ne fallait pas être grand clerc pour deviner en eux d'immenses possibilités.

Je bavardai longuement avec eux sur le plateau après le spectacle. Ils vinrent chez moi. Nous passâmes quelques soirées excellentes à nous chanter réciproquement notre répertoire, puis nous nous perdîmes de vue. Nous devions nous retrouver en Allemagne, en 1945, au cours d'une tournée. Nous tenions, eux et moi, tout le spectacle. La première partie était pour eux, la seconde pour moi. Nous devînmes amis.

Et, comme on doit la vérité à ses amis, les ayant maintes fois entendus, un jour je me risquai à leur dire ce que j'avais sur le cœur.

— Vous avez, leur déclarai-je en substance, choisi d'interpréter de vieilles chansons françaises. C'est une preuve de goût. Ces œuvres sont restées fort belles, vous les avez fait harmoniser avec beaucoup de bonheur, vos mises en scène sont bonnes et vos voix forment un merveilleux ensemble, mais je crains que vous ne fassiez fausse route. Je ne défends pas, vous le pensez bien, les chansons dites « commerciales », lesquelles ne m'inspirent aucune sympathie, mais, si vous voulez toucher le grand public et intéresser les amateurs de disques, il vous faut modifier votre répertoire. J'aime beaucoup *Perrine était servante*, c'est une très belle chanson, mais on ne la fredonnera jamais dans la rue. Il vous faut des airs susceptibles de devenir populaires, des refrains qui resteront dans la mémoire de vos auditeurs et, naturellement, des chansons d'amour.

Ils écoutèrent mon sermon fort poliment, en garçons bien élevés ; ils poussèrent la courtoisie jusqu'à me présenter quelques menues objections, mais il était flagrant que je ne les avais pas convaincus. Je n'insistai pas. Après tout, ils étaient libres, ces garçons, et assez grands pour savoir ce qu'ils voulaient faire, puisqu'ils totalisaient, à eux neuf, autour de deux cents ans d'âge. Disons deux cent dix, pour faire bonne mesure.

Seulement, comme on l'a peut-être remarqué, je n'abandonne pas facilement mes petites idées. Je devais revenir à la charge un peu plus tard. Avec *Les Trois Cloches*. Cette admirable chanson, Gilles en a écrit les paroles et la musique, et j'imagine que ce n'est pas tout à fait par hasard qu'il a tenu à la signer de son nom véritable : Jean Villard. Je la lui avais entendu chanter au Coup de Soleil, son cabaret de Lausanne – soit dit, par parenthèse, une maison qui a sa place dans la petite histoire de la guerre –, et elle m'avait comme éblouie. Je m'étais dit : « Toi, je te chanterai ! »

Gilles me donna la chanson, je l'examinai et je me trouvai bientôt dans une situation pour moi aussi nouvelle qu'inattendue : cette chanson, j'étais toujours résolue à la mettre à mon répertoire, je la « sentais », mais, je n'aurais su expliquer pourquoi, je ne me voyais pas l'interprétant seule. Elle me paraissait exiger « autre chose ». Mais quoi ? J'aurais été bien en peine de le dire.

La tournée d'Allemagne finie, j'étais rentrée à Paris, *Les Trois Cloches* toujours dans mes cartons. Cette chanson commençait à me hanter. Ce chef-d'œuvre qui dormait, à peu près ignoré, alors que de provocantes niaiseries apportaient à leurs auteurs notoriété et fortune, je trouvais cela injuste et révoltant. Et, un jour, l'idée me frappa, qui aurait dû me venir beaucoup plus tôt, qu'il ne fallait pas chanter *Les Trois Cloches* en solitaire, mais à plusieurs voix. De là à faire signe aux Compagnons, il n'y avait qu'un pas, ou plutôt un coup de téléphone. Je le donnai tout de suite.

Leur refus fut immédiat et catégorique. *Les Trois Cloches ?* À aucun prix.

J'étais navrée. Mais pas encore résignée à admettre ma défaite.

— Et si je la chantais avec vous ? demandai-je.

J'avais risqué cette proposition sans grande conviction, à peu près sûre qu'elle allait être repoussée. À ma grande surprise, elle ne le fut pas.

Et nous avons travaillé ensemble *Les Trois Cloches.* Dans la mise en scène « imposante » que nous devions lui donner, avec orchestre et grandes orgues, l'œuvre, présentée dans une sorte de décor sonore qui ajoutait à sa beauté initiale, prenait une ampleur extraordinaire. Elle n'en fut pas moins, au début, accueillie par le public avec une certaine réserve. Son instinct l'avertissait-il que les Compagnons ne l'interprétaient pas avec leur flamme ordinaire, qu'ils la chantaient sans joie, seulement pour me faire plaisir ? Je ne suis pas éloignée de le croire. Le succès, en tout cas, n'était pas celui que j'escomptais.

Un jour, sur ma prière, Jean Cocteau est venu écouter les chansons que nous avions « montées » ensemble, les Compagnons et moi, dont naturellement *Les Trois Cloches.* Je ne saurais sans manquer de modestie rapporter les compliments que Jean voulut bien nous décerner à l'issue de cette audition. Je rappellerai seulement qu'il nous dit que les voix de ces jeunes gens et la mienne s'accordaient merveilleusement, pour former un ensemble choral d'une remarquable harmonie, et que nos interprétations dégageaient une émotion très pure et très rare. Il ajouta que nous l'avions conduit au bord des larmes.

De ce jour, tout fut changé. Sensibles aux éloges du poète, les Compagnons chantèrent désormais *Les Trois Cloches* avec autant de conviction que moi-même et, tout de suite, le succès se dessina, qui s'affirma bientôt de façon éclatante. Les derniers à le reconnaître furent les fabricants de disques, qui nous déclaraient avec leur autorité habituelle que la chanson n'était pas « commerciale » et qu'elle avait si peu de chances d'intéresser les acheteurs qu'on pouvait se demander si elle valait la peine d'être gravée. Clairvoyance. Les enregistrements des *Trois Cloches* s'enlevèrent par milliers, dans tous les pays du monde, et leur vente atteignit des chiffres record : au total, plus d'un million d'exemplaires. Aux États-Unis, où Jean-François Nicot est devenu Jimmy Brown, soixante mille disques de *The Jimmy Brown Song*, la version américaine des *Trois Cloches*, partirent en trois semaines.

Les Compagnons, cependant, restaient fidèles à leurs vieilles chansons françaises. Pourtant, têtue et sûre d'avoir raison, je ne désespérais pas de les convaincre un jour. Ils ne pouvaient pas demeurer éternellement prisonniers d'un répertoire qui ne leur permettait pas de donner la pleine mesure de leur talent. Il fallait trouver l'œuvre qui les déciderait. Ce fut *La Marie* :

T'en fais pas, la Marie, t'es jolie !
Je r'viendrai,
Nous aurons du bonheur plein la vie.
T'en fais pas, la Marie !

André Grassi avait écrit la chanson pour moi, mais je la sentais plutôt pour eux. Je la leur offris. Elle ne les emballait pas. Pourtant sur mon insistance et le souvenir (récent) des *Trois Cloches* aidant, ils consentirent à l'essayer. Quelques mois plus tard, *La Marie* leur valait le Grand Prix du Disque.

Cette fois, ils avaient compris. Ils se modernisèrent, adoptèrent des chansons de Trenet et, peu à peu, devinrent les Compagnons tels que nous les connaissons aujourd'hui. Je ne regrette pas de les avoir obligés à évoluer. Ne serait-il pas dommage qu'ils n'aient jamais chanté *Moulin Rouge*, de Jacques Larue et Georges Auric, *Le Petit Coquelicot*, de Raymond Asso et Valéry, *C'était mon copain*, de Louis Amade et Gilbert Bécaud, *Quand un soldat*, de Francis Lemarque, *La Prière*, de Francis Jammes et Brassens, et que soient restés dans le stylo de Jean Broussolle *La Chanson du célibataire*, *Le Violon de tante Estelle* et *Le Cirque* ?

C'est avec les Compagnons de la Chanson que j'ai fait mon premier voyage aux États-Unis.

Il y avait très longtemps que j'avais envie de découvrir l'Amérique, moi aussi. Je n'hésite pas à écrire aujourd'hui que j'aurais dû attendre encore un peu. J'aurais surtout dû me rappeler qu'il est toujours extrêmement délicat de présenter un tour de chant à l'étranger, particulièrement dans un pays dont on ne parle pas la langue. Peut-être me serais-je alors entourée d'un surcroît de précautions qui m'auraient permis d'éviter certaines erreurs que je devais payer.

Nous fîmes le voyage par mer, et j'avoue que, lorsque le bateau pénétra dans la baie d'Hudson, je commençai à me sentir inquiète. En un de ces extraordinaires raccourcis dont il a le secret, Jean Cocteau a écrit que « New York est une ville debout ». Rien ne saurait mieux définir l'impression qu'on éprouve lorsque, du pont du paquebot glissant au pied des buildings qui vous écrasent de leur masse gigantesque, on découvre la monstrueuse cité, avec le sentiment de pénétrer dans un univers qui n'est pas à la mesure du nôtre. Je me sentais plus petite encore que je ne suis et, si je me gardai de le dire à haute voix, je pensai à part moi : « Ma pauvre Édith, pourquoi diable n'es-tu pas restée chez toi ? »

Nous débutâmes, peu après notre arrivée, dans une salle de la 48e Rue, à Broadway, le quartier des théâtres et de la vie nocturne. Nous donnions un spectacle calqué sur celui que nous avions promené en France avec succès, et je ne tardai pas à m'apercevoir que c'était une erreur. Nous heurtions les habitudes américaines. J'aurais dû savoir que le music-hall tel que nous le connaissons à Paris n'existe plus aux États-Unis depuis bon nombre d'années déjà, que l'A.B.C. et le Paladium n'ont pas leur équivalent de l'autre côté de l'Atlantique, artistes de « variétés » et vedettes du tour de chant passant en « attraction » dans les cinémas ou se produisant dans les *night clubs*, des boîtes de nuit montant des revues à grand spectacle, assez analogues à celles qu'on peut applaudir à Paris, au Lido ou à Tabarin.

Mes connaissances d'anglais étaient à l'époque très rudimentaires, mais, pleine de bonne volonté, j'avais fait traduire deux de mes chansons pour les interpréter dans la langue de mes auditeurs. Effort méritoire, dont les résultats furent décevants. Des applaudissements polis me témoignèrent qu'on m'était reconnaissant de l'intention, mais il ne me semblait pas qu'on eût compris. Ma prononciation devait être défectueuse. Je n'en doutai plus quand, après le spectacle, un gentleman fort courtois me dit, sans ironie, je tiens à le préciser, qu'il avait particulièrement goûté les deux chansons que j'avais données… en italien !

Pour celles que je chantais en français, j'avais demandé à un présentateur d'en expliquer en quelques mots le sujet à la salle. Autre erreur. J'introduisais dans mon « tour » le redoutable « temps mort ». Si court qu'il fût, le speech du M. C.* rompait le contact avec la salle, quand j'avais réussi à l'établir.

Et je ne l'établissais que par exception ! On annonçait Édith Piaf. Un frisson passait dans la salle, « chauffée » par les Compagnons. *Idiss* Piaf, c'était Paris, le *gay Paree* ! La Parisienne des magazines de luxe, coiffée par Antonio, « visagée » par un autre et équipée d'une robe « grand soir » de deux cent cinquante mille francs !

Et j'apparaissais avec ma petite robe noire. Tableau !

Et ce n'était pas tout ! Non seulement je n'apportais pas aux Américains l'image de la Parisienne qu'ils attendaient, mais je mettais le comble à leur déception en leur donnant des chansons qui n'étaient pas du tout de leur goût. Mon répertoire,

---

* Le *Master of Ceremonies*, le présentateur.

de *L'Accordéoniste* à *Où sont-ils, tous mes copains ?* manquait de gaieté. Abonnés à la sirupeuse mélodie où *amour* rime avec *toujours* et *tendresse*, mieux partagé, avec *ivresse* ou *caresse*, ils se cabraient. Réflexe qui me surprit (et me chagrina), mais que je m'expliquai par la suite, quand je les connus mieux. L'Américain mène une vie épuisante. Il l'accepte. Mais, sa tâche quotidienne terminée, il se veut détendu, « relaxé ». Les salopards, il ne les nie pas. Il se bat avec eux toute la journée. Ils existent, il le sait. Seulement, le soir venu, il entend les oublier. Il est « fleur bleue » par système et par hygiène. Pourquoi, alors qu'il croyait avoir déposé ses soucis au vestiaire, cette petite Française venait-elle lui rappeler qu'il y a sur terre des gens qui ont des raisons d'être malheureux ?

Cela dit, j'ai à peine besoin d'ajouter que mon succès était très relatif. Je n'étais allée à New York que pour me « casser la figure ». Un coup dur ? Bien sûr. Mais j'en avais essuyé d'autres, et j'oublierais celui-là comme les autres. Il ne fallait pour cela qu'un peu de courage, une qualité heureusement qui ne m'a jamais fait défaut.

Les Compagnons, cependant, déchaînaient l'enthousiasme de ce même public qui me boudait. Conquis par la beauté de leurs voix autant que par la nouveauté de leur présentation, par leur allègre jeunesse aussi, il leur faisait un triomphe à chaque représentation. Leur presse était excellente, la mienne plus que médiocre.

Il ne fallait pas prolonger l'expérience.

— Mes enfants, leur dis-je après quelques soirs, l'événement prouve que vous êtes maintenant assez grands pour faire votre route tout seuls, et je ne serais plus pour vous qu'un boulet lourd à traîner.

Nous allons nous séparer. Vous avez devant vous une fructueuse tournée américaine. Moi, je vais reprendre le bateau…

Et, sans Virgil Thompson, je l'aurais repris. Critique dramatique, Virgil Thompson n'écrit que rarement sur les artistes de music-hall. Il me consacra pourtant, en première page d'un des plus grands quotidiens de New York, un article de deux colonnes qui fut pour moi le « doping » dont j'avais besoin. Car, si aujourd'hui je puis parler de ces choses avec une certaine philosophie, l'Amérique m'ayant depuis offert d'appréciables revanches, j'avoue que mon premier contact avec New York m'avait laissée « catastrophée » et que, pour la première fois peut-être de ma carrière, je doutais de moi. Désespérée, je n'avais plus qu'une hâte : retrouver Paris, mes amis, les salles qui me faisaient fête. Le « papier » de Virgil Thompson me rendit confiance en moi. N'y lisait-on pas, en conclusion, que, s'il me laissait repartir sur cet échec immérité, le public américain aurait fait la preuve de son incompétence et de sa stupidité ?

L'article de Virgil Thompson dans son portefeuille, Clifford Fischer, mon agent américain, s'en fut trouver les directeurs du Versailles, un des cabarets les plus élégants de Manhattan. Il réussit à les convaincre de me donner une chance.

— Quand les gens auront pris l'habitude de sa petite robe noire, leur dit-il, quand ils auront compris qu'une Parisienne n'est pas nécessairement surmontée d'un chapeau à plumes et affublée d'une robe à traîne, on se battra pour l'entendre. Et, si elle vous fait manger de l'argent, je paierai la différence !

Clifford Fischer, qui n'aurait guère aimé ça, n'eut pas à combler les déficits du Versailles.

Mon anglais était meilleur, j'avais supprimé les fâcheuses interventions du M. C., le public, maintenant prévenu, attendait une chanteuse et non un « mannequin », les malentendus n'étaient plus possibles. Je sortis de scène sous de longues ovations et, engagée pour huit jours, je restai au Versailles douze semaines consécutives.

Depuis, j'ai fait de nombreux séjours aux États-Unis, retournant au Versailles, mais chantant aussi à Hollywood, à Miami, à Boston, à Washington, ailleurs encore, avant de donner, consécration suprême, un récital au Carnegie Hall, le temple américain de la musique. Pourquoi faut-il que Clifford Fischer, prématurément enlevé à notre affection, n'ait pas connu cette heure-là ?

Mes chansons sont aujourd'hui aussi populaires aux USA que chez nous. Les vendeurs de journaux de Broadway sifflent *Hymne à l'amour* et *La Vie en rose*, les *fans* m'assaillent dans la rue pour me demander des autographes de « Miss Idiss », *Le Petit Homme*, dans une remarquable adaptation de Rick French, a conquis l'Amérique, comme dix autres de mes refrains, et, par une glaciale matinée de 1er janvier, j'ai chanté *L'Accordéoniste* devant la statue de la Liberté, à la prière des étudiants de l'université de Colombie.

Les États-Unis ne m'ont pas adoptée tout de suite, mais il y a longtemps qu'il ne m'est plus possible de leur en vouloir.

Au début, il a dû y avoir, entre eux et moi, incompréhension mutuelle.

Ce qui m'amène à vous parler… de mon voyage en Grèce.

Ne vous récriez pas ! Les souvenirs, ça vient comme ça, au hasard de la mémoire. Il faut les prendre quand ils se présentent.

Ceux que j'avais rapportés de Grèce m'auraient sans doute épargné bien des mécomptes s'ils m'étaient revenus à l'esprit avant ma première visite aux États-Unis. Ils m'auraient rappelé qu'une partie à l'étranger est toujours difficile à gagner, qu'elle se prépare de longue main et que, les goûts et les habitudes variant d'un pays à l'autre, il est sage de se documenter avant le départ et de ne pas avoir tout à découvrir quand on est sur place.

J'arrivais en Grèce au mauvais moment. En plein plébiscite. Les gens allaient au spectacle, mais pensaient à autre chose. Dès le soir de mes débuts, à Athènes, je me rendis compte que mes chansons n'intéressaient guère le public. J'ai fait semblant de ne pas m'en apercevoir, mais ça m'a quand même donné un coup.

Au bout de trois jours, comprenant que j'avais fait une erreur, je m'en fus trouver le directeur.

— Vous et moi, lui dis-je, nous nous sommes trompés. Vous, sur mon compte. Moi, sur celui des Grecs. Ils ne veulent pas m'entendre. Inutile d'insister. Rendez-moi ma liberté et restons bons amis !

Contrairement à mon attente, la proposition ne lui agréait pas du tout.

— L'erreur, me répliqua-t-il, ce serait de vous en aller maintenant. Le cap difficile est passé. Mes spectateurs ont été un peu déconcertés par vos chansons, très éloignées de celles qu'ils entendent à l'accoutumée, par votre style aussi, qui ne ressemble en rien à celui des chanteuses de chez nous, mais ils commencent à s'habituer. Si vous leur aviez vraiment déplu, ils vous l'auraient signifié dès le premier soir. Vous ne seriez pas restée en scène. Tenez le coup ! Dans huit jours, ils vous feront un triomphe !

J'en doutais fort, mais, n'ayant rien à perdre et de naturel assez curieux, je n'ai pas insisté pour la dénonciation de mon contrat. Finalement, je constatai qu'il avait dit vrai. Mes chansons, les mêmes qui au début tombaient dans un silence indifférent, sinon hostile, étaient acclamées. Un courant de sympathie s'était peu à peu établi entre le public et celle qu'il appelait gentiment « la chanteuse de poche », et je suis revenue d'Athènes avec de beaux souvenirs.

Des souvenirs pittoresques aussi. Je chantais, en plein air, dans un cinéma, où l'on projetait mon film *Étoiles sans lumière*. Toutes les deux minutes, un tramway passait dans la rue, dans un tintamarre infernal. Je ne m'entendais pas chanter. Furieusement, je protestai auprès du directeur.

— Je ne vois vraiment pas, me dit-il, pourquoi vous vous mettez dans un état pareil ! Le tramway ? Ils ne l'entendent pas. Ils sont ravis et vous applaudissent à se meurtrir les paumes. Que voulez-vous de plus ?

Autre souvenir de voyage : Stockholm, où, en seconde partie d'un spectacle de music-hall, je donnais une sorte de récital avec les Compagnons de la Chanson.

Un public en or, bienveillant et prompt à manifester sa satisfaction. Un ennui, pourtant – quand j'entre en scène, je m'aperçois que la salle s'est vidée plus qu'à moitié et que ma présence ne retient personne. Fauteuils et strapontins se relèvent avec un claquement plus ou moins sec, cependant que les spectateurs se dirigent paisiblement vers les sorties.

Mon tour terminé, j'exprime mon étonnement au directeur.

— C'est votre faute, m'explique-t-il. Vous avez exigé de passer en fin de spectacle. Or, en Suède, la vedette arrive au milieu du programme, qui s'achève généralement sur une attraction sans importance, que les gens ne regardent même pas…

L'ordre du cortège fut modifié dès le lendemain, je m'en excuse auprès de l'excellent « numéro » de main à main qui occupa désormais le plateau durant l'évacuation de la salle, et je retrouvai, et les Compagnons avec moi, le succès qui nous avait été refusé la veille. Le dernier soir, un spectateur monta sur la scène pour m'offrir un bouquet en forme de cœur, un bouquet ceint d'un ruban tricolore et uniquement composé de fleurs bleues, blanches et rouges. Il me le passa autour du cou, cependant que la salle, debout, criait : « Vive la France ! » et que l'orchestre attaquait *La Marseillaise*.

Je vois d'ici le sourire des sceptiques. Il n'empêche que, lorsque vous venez de chanter à l'étranger dans la langue de votre pays et qu'on vous accroche comme ça, brusquement, sans prévenir, un cœur bleu-blanc-rouge, ça vous fait quand même une drôle d'impression.

Et je plains ceux qui, à ma place, n'auraient pas versé de vraies larmes.

Car j'ai pleuré, vous pensez bien !

Louis Gassion,
père d'Édith Giovanna Gassion,
future Édith Piaf.

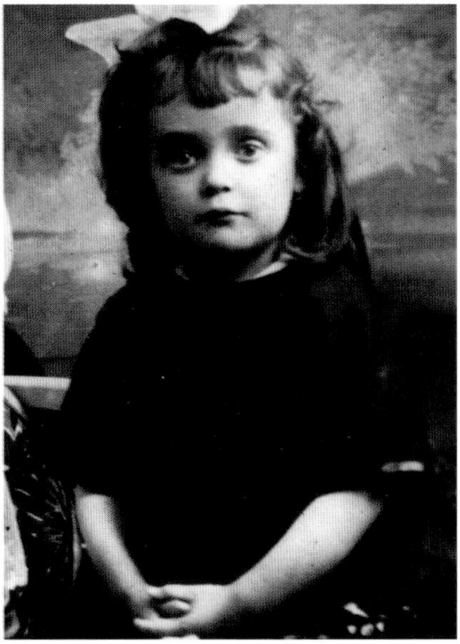

Édith à Bernay
à l'age de 4 ans en 1919.

Sa première photo d'artiste, dédicacée à Camille Ribon en 1935.

Avec Yves Montand, son partenaire dans le film de 1945
de Marcel Blistène, *Étoile sans lumières.*

Chez elle en 1954 dans une attitude de « Bravo pour le clown ».

1954 : Édith écrit un texte de chanson.

Arrivée à Orly en provenance de New York le 7 mai 1956.

1954 : Édith joue au baby-foot avec son mari Jacques Pills.

Portrait.

Partition de « Milord ».

Partition de « Hymne à l'amour »

Olympia 1958 : Dédicace de son 33 tours en présence de Mijanou Bardot, la soeur de Brigitte.

Partition de « Mr Saint Pierre ».

Partition de « Bravo pour le clown ».

Partition de « Les 3 cloches ».

Avec Eddie Constantine et Charles Aznavour au cours de l'émission télévisée de Henri Spade, « Le théâtre de l'XYZ », le 13 janvier 1951.

Répétitions le 13 janvier 1951.

Édith participe à une émission de radio.

En compagnie de Jean Cocteau pendant les répétitions de la pièce *Le Bel Indifférent*, en 1940.

Devant son portrait peint par son mari, le chanteur Jaques Pills.

Derniers regards à son miroir avant d'affronter le public.

Partitions et pochettes de 45 tours.

45 tours en compagnie
de Charles Dumont.

Partition de
« Non, je ne regrette rien ».

Diverses partitions.

45 tours en compagnie de Théo Sarapo.

Pochette du 78 tours Polydor de « La Môme Piaf ».

Au cours d'une émission radio, en 1951.

Arrivée à Orly le 7 mai 1956, en compagnie de Marcel Blistène Jacques Bourgeat, Jacques Pills, Bruno Coquatrix et Félix Marten.

Orly, le 7 mai 1956, avec Félix Martin et Rachel Breton, éditrice surnommée « La Marquise ».

Olympia 1961 :
une rentrée miraculeuse…

Les photos de ce cahier nous ont été fournies par l'association « Les amis d'Édith Piaf », que nous remercions.

X

Tous mes rêves passés
Sont bien loin derrière moi,
Mais la réalité
Marche au pas devant moi…

« Tous mes rêves passés »
É. Piaf, 1953

J'ai fait, je l'ai dit déjà, de nombreux voyages et de longs séjours aux États-Unis, et il y a là-bas bien des établissements dont les coulisses me sont aujourd'hui aussi familières que celles de l'Olympia, redevenu, sous l'habile direction de mon bouillant ami Bruno Coquatrix, un des premiers music-halls du monde. Mais, quelque plaisir que je puisse éprouver à me remémorer mon passage sur d'autres scènes américaines, je crois bien que je garderai toujours pour le Versailles une affection toute particulière.

Parce que c'est là, j'y reviens, que j'ai compris que, contrairement à ce que je pensais, je pouvais, pour peu qu'on m'aidât un tout petit peu, gagner le cœur de ce public new-yorkais que je n'avais pas su toucher du premier coup. Quand je joue une partie, j'aime la jouer à fond. Franchissant l'Atlantique pour la première fois, j'avais rompu pour un temps avec la vieille Europe, où je n'avais même pas conservé l'appartement que j'occupais alors, rue de Berri. Les directeurs savaient que je m'en allais, sinon sans espoir de retour, au moins pour plusieurs mois et qu'ils ne devaient pas compter sur moi avant longtemps pour composer leurs programmes. Là-dessus, je fais à New York les débuts que vous savez. Pas du tout ceux que j'avais escomptés.

Quand on m'a parlé du Versailles, j'ai hésité. Bien sûr, j'ai le goût de la lutte, je ne déteste pas me battre et la difficulté me stimule. Mais j'ai aussi mes heures de découragement, ma décision de rentrer en France était presque prise et, superstitieuse, je ne me sentais pas emballée à l'idée de chanter dans un cabaret dont l'enseigne me semblait de mauvais augure. Versailles évoquait pour moi un des plus fâcheux souvenirs de mon existence.

Une de mes plus vilaines nuits...

Elle était déjà loin dans le temps, mais je ne l'avais pas oubliée, et j'ouvrirai une parenthèse pour la conter.

C'était l'époque où, à peine âgée de seize ans, je dirigeais une troupe, si l'on veut bien admettre qu'à trois on constitue une troupe. Celle-là n'était pas celle dont j'ai parlé précédemment, mais une autre, que j'avais formée avec deux camarades, prénommés Raymond et Rosalie. Sur nos affiches, manuscrites et d'orthographe plutôt incertaine, nous étions « Zizi, Zozette et Zozou, mélange-act » et nos méthodes de travail étaient celles que j'ai exposées déjà. Un après-midi d'hiver, affamés comme à l'ordinaire, nous arrivons à Versailles, où le colonel, qui avait connu mon père, nous avait autorisés à donner notre spectacle au réfectoire après la soupe. Ayant deux heures devant nous, nous nous rendons à l'Hôtel de l'Espérance, nous expliquons que nous sommes des « artistes », nous exhibons le papier qui prouve que nous donnons le soir une représentation, nous retenons des chambres et nous nous faisons servir, à crédit, un copieux repas, que nous dévorons avec le bel appétit de gens qui ne savent pas trop quand ils auront la chance de se retrouver à table. Après quoi, l'estomac garni et l'esprit en repos, nous allons à la caserne. Déception ! La salle est vide. Nous patientons. Les minutes passent et, l'attente se prolongeant, nous devons admettre l'évidence : les spectateurs ne viendront pas, la représentation n'aura pas lieu !

Ce qui complique tout, c'est notre situation financière. Nous n'avons pas un sou en poche ! Impossible de regagner Paris par le train. Faire le trajet à pied ? Nous y songeons. Mais nous sommes transis et cette longue marche nocturne, par un froid glacial, nous effraie à juste titre. Il ne nous reste qu'une ressource : aller demander aux agents de bien vouloir nous accorder l'hospitalité pour la nuit. Demain, il fera jour !

Et nous arrivons au commissariat de police dix minutes après l'hôtelier qui venait de porter plainte contre nous ! Nous étions accusés de grivèlerie.

Nous passâmes donc la nuit au poste. La « troupe » dormit, mais non sa directrice. J'étais trop inquiète pour trouver le sommeil. Mon père, à qui j'avais faussé compagnie quelques mois auparavant, me faisait rechercher, je n'avais pas de papiers d'identité, j'étais pratiquement en état de vagabondage, je pouvais craindre le pire. Je me voyais déjà enfermée jusqu'à ma majorité dans une maison de correction, tondue, vêtue d'une robe grise d'uniforme et traitée selon mes mérites ! Ma nuit fut épouvantable.

Par bonheur, le commissaire était un brave homme. Je lui contai notre histoire. Notre seul tort était d'avoir dépensé par anticipation une recette qui finalement nous avait échappé. Notre bonne foi était entière. Nos figures hâves, nos yeux cernés, nos vêtements miteux et nos souliers rapiécés avaient, eux aussi, leur éloquence. Il eut pitié. Sur ses instances, l'hôtelier retira sa plainte. Nous étions libres !

Le soir, nous donnions une représentation au camp de Satory. La recette, magnifique, inespérée, atteignit trois cents francs. Le lendemain, je payais à l'hôtelier ce que nous lui devions...

Malgré ce souvenir qui, si stupide que cela puisse sembler, retarda peut-être ma décision de quelques heures, j'acceptai de chanter au Versailles. J'ai dit ce qu'il en advint.

Depuis, le Versailles reste de tradition ma première escale à chacun de mes voyages aux États-Unis. C'est là que j'aime reprendre contact avec le public américain, là que je viens chercher la rassurante certitude qu'il conserve à « Idiss » cette amitié dont l'artiste sincère a besoin pour entrer en communication avec ceux qui l'écoutent et, je n'ose pas dire leur transmettre son message, mais du moins leur donner le meilleur de soi-même.

Situé non pas dans Broadway même, mais tout près, non loin du Waldorf-Astoria et presque à l'ombre de Radio-City, le luxueux cinéma géant dont New York s'enorgueillit à bon droit, le Versailles est à la fois restaurant et boîte de nuit. Une centaine de tables et toutes occupées par des personnes dont le nom figure au *Social Register*, des *socialities* appartenant souvent à cette élite qu'on appelle là-bas les V.I.P., les *Very Important Persons*, les gens qui comptent. Le cadre est somptueux et rococo, et la maison se flatte de pratiquer des prix élevés : le « filet mignon » coûte six dollars cinquante et la bouteille de champagne seize dollars. Calculez !

La scène a été surélevée à mon intention, afin que je sois vue de partout malgré ma taille menue, et le trac s'empare toujours de moi quand s'écartent les lourds rideaux vert Nil qui la masquent. Je retrouve mes moyens dans l'instant qui suit, lorsque, les bravos d'accueil apaisés, le silence se fait dans la salle.

Ce silence, je suis reconnaissante à mes amis américains de me l'accorder. Ne dites pas qu'il est normal. Justement, il se trouve qu'il est assez exceptionnel…

« Ce qui frappe, devait écrire le journaliste Nerin E. Gun au lendemain de mes tout premiers débuts au Versailles, c'est le silence qui s'établit dès qu'on annonce Édith Piaf. Les Américains acceptent rarement de se taire pendant un spectacle, et encore moins de ne plus commander de boissons. Pourtant, le service est interrompu et les gens écoutent, attentifs. Édith apparaît, minuscule, dans une robe en taffetas noir. Son anglais est compréhensible et amusant. De petits cris d'admiration sont poussés de temps en temps, on bisse chaque chanson, des jeunes filles enthousiastes montent sur les tables et on applaudit longtemps après la fin, dans l'espoir d'obliger Édith Piaf à chanter une dernière fois. »

Dans le même article, analysant les raisons de mon succès, Nerin E. Gun rapportait ces propos, d'un de ses voisins de table, un homme politique :

« Jusqu'à présent on nous montrait, venant de France, des vedettes sophistiquées, images du gai

Paris, impatientes de vendre leur sex-appeal. Édith Piaf, c'est tout autre chose. Une grande artiste, de qui la voix vous prend au ventre, mais aussi une petite fille pâlotte, qui a l'air d'avoir eu faim, d'avoir souffert enfant et d'avoir toujours un peu peur. Elle est comme l'incarnation de la nouvelle génération européenne, celle que nous devons aider... »

Le public américain, si j'en puis juger sur mon expérience personnelle, n'est pas tellement différent de celui de chez nous. Exigeant, sans doute, car l'industrie du spectacle a été portée de l'autre côté de l'Atlantique à un rare degré de perfection, mais compréhensif et sensible aux efforts qu'on fait pour lui plaire. Baragouinez quelques mots d'anglais, chantez un refrain dans sa langue, votre accent serait-il, comme on dit là-bas, « à couper au couteau », il vous saura gré de l'attention. Ses réactions sont parfois brutales, mais il ne se défend pas contre l'enthousiasme et, quand il aime un artiste, il l'aime avec fougue, et il le montre.

Au bout de cinq minutes, l'Américain qui vous a été présenté vous appelle par votre prénom. Au début, ça surprend, mais on s'y fait... et on découvre bientôt que, ce prénom, il le prononce avec affection. Il vous considère comme un copain et il vous fera plaisir s'il en a la possibilité.

Bien sûr, il est toujours pressé. Mais il est toujours exact à ses rendez-vous, une qualité que j'apprécie d'autant plus qu'elle me manquerait plutôt, et il tient ses promesses. Il a l'esprit pratique, il ne s'accorde guère le temps de rêver, mais il est quand même « fleur bleue » à ses heures, avec un côté « grand enfant naïf » que, pour ma part, je trouve infiniment sympathique.

Quant à sa gentillesse, elle est réelle et, si surprenant que cela paraisse, elle se concilie très bien avec les exigences du *struggle for life*, qui sévit là-bas du haut en bas de l'échelle sociale. Et je veux conter, à ce propos, une belle histoire qui me revient à la mémoire.

Je me trouvais à Hollywood. Un matin, coup de téléphone. C'était une star, et non des moindres, qui m'invitait à assister avec elle, le soir même, à la première du nouveau spectacle d'un music-hall de Los Angeles. J'avais d'autres projets. Je risquai une objection.

— C'est que…

Elle ne me laissa pas aller plus loin.

— Vous ne pouvez pas refuser, Édith ! Il s'agit de…

Et elle me nomma une très grande artiste de l'écran, une vedette de tout premier plan, très oubliée déjà, car elle n'avait pas tourné de film depuis des années. Déchue de son ancienne splendeur, aux prises avec les pires difficultés matérielles, J. S.* avait décroché, comme par miracle, l'engagement qu'elle n'espérait plus : sept jours dans un music-hall de Los Angeles.

— Et nous savons, poursuivit ma correspondante, que, si ce soir elle fait un succès, elle signera demain un contrat de cinquante-deux semaines pour une grande tournée à travers les États-Unis. Alors nous avons décidé qu'elle aurait un triomphe…

Le soir, j'étais au théâtre. Pas une vedette ne manquait à l'appel. J'aperçus Joan Crawford, Spencer Tracy, Elizabeth Taylor, Bette Davis, Maureen O'Hara, Humphrey Bogart, Cary Grant, Bing Crosby,

---

* Ne cherchez pas ! J'ai changé les initiales.

Betty Hutton, Gary Cooper, d'autres encore qui ne m'en voudront pas de ne point les nommer. J. S. parut, saluée par une ovation qui se prolongea interminablement. À sa sortie de scène, il y eut dix rappels, quinze peut-être, je n'ai pas compté.

Et, quarante-huit heures plus tard, J. S. signait le contrat qui la sauvait de la misère.

Nous avons, en France, l'habitude des gestes de solidarité. Dans ce domaine-là comme dans bien d'autres, les comédiens de chez nous n'ont rien à apprendre de leurs camarades américains.

Mais convenez que l'histoire était trop jolie pour que je la garde pour moi toute seule !

Si, après ma toute première prise de contact avec le public new-yorkais, je fus sur le point de m'abandonner au découragement et de faire mes malles, la faute en est pour beaucoup, il faut bien le dire, à un Français, que je ne nommerai pas et ce sera sa punition, car il est assez friand de publicité.

Fixé aux USA depuis plusieurs années, il m'avait accueillie à bras ouverts, ravi de me voir et de me piloter dans New York. Après ma soirée de début, je comptais sur lui pour me remonter le moral. Ce qui prouve qu'on peut se tromper. Je l'entends encore :

— C'était à prévoir, ma pauvre Édith ! Les vilaines choses de la vie, l'Américain ne veut pas les voir. Il est optimiste. Vous lui apportez des chansons dramatiques et vous le faites pleurer, alors qu'il va au spectacle pour se divertir, pour oublier cette civilisation de fer qui l'écrase ! Avec deux ou trois refrains roses, vous mettiez le public dans votre poche. Pourquoi vous êtes-vous lancée dans cette aventure ?

Et il continuait sur ce ton, sans se rendre compte qu'il me torturait et me vidait du peu d'énergie qu'il pouvait encore me rester. Marie Dubas ne saura jamais combien, à travers mes larmes, j'ai envié son talent à ce moment-là. Si seulement j'avais su faire des claquettes !

Les paroles de réconfort dont j'avais besoin, d'autres, je l'ai dit, les prononcèrent. Et je veux citer ici ma grande amie Marlène Dietrich.

Marlène aime la France, elle l'a prouvé aux heures les plus sombres de la guerre, et elle a été la Providence, la bonne fée de bien des artistes français débarquant aux États-Unis. Pour moi, elle s'est montrée d'un dévouement incomparable. Elle me voyait inquiète, tracassée, tourmentée, vaincue ou presque. Elle s'est attachée à mes pas, veillant à ne point me laisser seule un instant avec mes pensées, elle m'a préparée pour de nouvelles batailles et, si je les ai livrées et gagnées, c'est parce qu'elle les a voulues, alors que je crois bien que je ne les souhaitais plus. Je lui en garde une profonde gratitude[1].

De son talent éblouissant, de sa beauté éclatante, je ne dirai rien. Elle est la grande dame du cinéma, Marlène l'Irremplaçable. Mais je veux dire qu'elle

---

1. L'amitié qui unissait Édith Piaf et Marlène Dietrich n'était pas une de ces amitiés de façade ou de circonstances, comme il en existe tant dans ce métier où chacun porte grand soin à cultiver son image. Les deux femmes étaient réellement liées par une profonde affection et une grande complicité que rien ne vint jamais remettre en cause. En plus de sa médaille de sainte Thérèse de Lisieux, Édith ne se séparait jamais d'une petite croix incrustée de sept émeraudes que lui avait offerte celle qui serait son témoin lors de son premier mariage. Dans un registre plus dramatique, il existe une bouleversante photographie de Marlène Dietrich, le visage décomposé par le chagrin, lors de l'enterrement de son amie Édith.

est d'une intelligence extraordinaire et peut-être l'artiste la plus consciencieuse qu'il m'ait été donné de rencontrer. Aux répétitions, elle est merveilleuse de calme, de patience et d'application. Elle donne l'exemple et veut la perfection. Alors qu'elle aurait, pour le mépriser, l'excuse d'une personnalité exceptionnelle, elle réhabilite le « métier », l'humble métier, sans lequel les plus beaux dons risquent de ne jamais s'épanouir.

D'une simplicité exquise, elle possède en outre un sens de l'humour qui a bien du charme. Je me souviens qu'un jour, au Versailles, elle se trouvait dans ma loge, tandis que je me déshabillais. Des visiteurs frappaient à la porte. Elle ouvrait et, glissant la tête dans l'entrebâillement, elle disait :

— Vous désirez, monsieur ? Je suis la secrétaire de Mme Édith Piaf…

Les gens la regardaient, stupéfaits, se demandant s'ils étaient bien éveillés. Le jeu dura longtemps. Il ne cessa que lorsque Marlène eut été « clouée » par un monsieur qui, d'un ton paisible, fort courtoisement et sans sourire, lui répondit :

— J'ignorais. Naturellement, c'est Maurice Chevalier que Mme Édith Piaf a engagé comme chauffeur ?

Le monsieur, il est vrai, n'était autre que mon vieil ami le journaliste Robert Bré, lequel a vu le jour à Belleville, un village où les gars sont rares qui n'ont pas la réplique.

Ce n'est certainement pas Maurice Chevalier qui dira le contraire.

XI

Un refrain courait dans la rue,
Bousculant les passants.
Il s'faufilait dans la cohue
D'un p'tit air engageant...

« Un refrain courait dans la rue »
É. PIAF – R. CHAUVIGNY, 1947

C'est à Hollywood que j'ai fait la connaissance de Charlie Chaplin. Non pas au studio, mais au cabaret. Il était venu m'entendre, et ce fut un des grands moments de mon existence.

Non qu'il se soit passé ce soir-là rien d'exceptionnel. Simplement parce que, chanter devant Charlie Chaplin, c'était pour moi la réalisation d'un de ces rêves imprécis qu'on traîne avec soi pendant des années, sans s'en rendre compte, et qui vous écrasent de joie quand, brusquement, ils se matérialisent. Lorsqu'on vint me dire que Chaplin, de qui je savais qu'il sortait très peu et ne mettait jamais les pieds dans un *night-club*, était dans la salle, et tout près de la scène, je compris que la soirée m'apportait une consécration que j'avais toujours souhaitée, sans en avoir conscience.

Chose curieuse, ce soir-là, je n'ai pas eu le trac. Je n'avais jamais adressé la parole à Charlie Chaplin, mais j'avais vu et revu ses films, et c'était assez pour me rassurer. J'allais chanter devant un artiste qu'on peut sans crainte qualifier de génial, devant un maître de qui l'œuvre apparaît comme un des plus nobles monuments de l'esprit humain, mais aussi devant un homme au cœur immense, sensible à la détresse des humbles, pitoyable aux faibles et aux malchanceux. S'il s'était déplacé pour m'entendre, ce n'était pas pour me dénigrer, mais pour me comprendre, et je n'avais rien à redouter de son jugement. Il venait en ami. Or on n'a pas peur d'un ami. Ma voix ne lui plairait peut-être pas, mais nos cœurs se reconnaîtraient.

J'ai chanté pour lui et sans doute n'ai-je jamais chanté comme ce soir-là. Avec, pourtant, un sentiment d'impuissance. Comment lui exprimer tout ce que j'avais envie de lui donner ? J'ai fait de mon mieux. J'ai essayé de me surpasser. C'était ma façon de le remercier de toutes les belles émotions dont je lui étais – et lui reste – redevable, ma façon aussi de lui dire : « Vous savez, Charlie, celui que vous appelez “le petit homme”, je le connais et je sais pourquoi vous l'aimez. Il m'a fait rire, parce que vous l'avez voulu, mais je n'ai pas été dupe et mes larmes n'étaient pas loin. Il m'a donné, comme à tout le monde, des leçons de courage et d'espérance, et c'est probablement à cause de cela que je suis si heureuse de vous chanter mes chansons ! »

Après le spectacle, nous avons bavardé. J'exagère. La vérité est qu'il m'a parlé. Il m'a dit que je l'avais touché au plus profond de son être et qu'il avait pleuré, ce qui ne lui était arrivé que rarement en écoutant une chanteuse. Un magnifique compliment, n'est-ce pas ? Plus merveilleux que tous ceux que je pouvais espérer. Eh bien ! je l'ai encaissé sans être seulement capable de dire combien, venant d'un homme tel que Chaplin, il m'était précieux. Ah, je n'ai pas été brillante ! J'ai rougi et, en guise de réponse, j'ai bafouillé je ne sais trop quoi.

Après le départ du grand artiste, j'étais furieuse contre moi-même. C'était trop bête ! Charlie Chaplin, un homme qui depuis toujours faisait mon admiration, un authentique génie, me faisait des compliments qui m'inondaient de joie et d'orgueil, et je ne trouvais pas un mot pour lui exprimer ma gratitude !

Aussi, imaginez ma stupeur quand, le lendemain, je reçus un coup de téléphone de Chaplin ! Il m'invitait à lui rendre visite, le jour suivant, dans sa propriété de Beverly Hills.

J'aime flâner au lit, comme tous les gens que leur profession appelle à se coucher à l'aube, et je suis coquette avec modération. Ce jour-là, j'ai rompu mes habitudes. Charlie Chaplin m'attendait dans l'après-midi. À sept heures du matin, j'étais debout. Et je te fais des bouclettes ! Et je t'essaie des robes ! Et je te choisis un chapeau

Je ne me reconnaissais plus.

Et je suis allée chez lui. Des heures inoubliables. Il y avait là quelques intimes, mais je n'ai vu que lui. Charlie est l'homme le plus simple que j'aie jamais rencontré et sa conversation est captivante. Il parle d'une voix douce, qu'il ne force jamais, avec des gestes mesurés et comme avec une sorte de timidité. Après m'avoir mise à l'aise en me rappelant qu'il avait débuté au music-hall, dans la célèbre troupe comique de Fred Karno, bien avant de songer au cinéma, il me parla longuement de la France, qu'il aime.

— Et pas seulement, ajouta-t-il en riant, parce que les Français ont toujours mieux compris mes films que les Américains ! J'aime la France parce qu'elle est le pays de la douceur et de la liberté.

Puis il me joua au violon, avec un très réel talent, quelques-unes de ses compositions. Je le quittai, heureuse de l'avoir approché, et plus heureuse encore de l'avoir trouvé tel que je me l'étais imaginé à travers « le petit homme ».

— Édith, me dit-il comme je remontais en voiture, j'écrirai un jour une chanson pour vous, paroles et musique.

Je suis sûre que Charlie Chaplin tiendra sa promesse.

Et sûre aussi que la chanson sera fort belle.

Si, à ma grande colère ultérieure, je ne jouai pas les feux d'artifice lors de ma première rencontre avec Charlie Chaplin, je ne me montrai pas moins empruntée le jour où j'eus le très grand honneur d'être présentée à celle qui allait devenir la reine d'Angleterre : la princesse Elizabeth.

En visite à Paris, la princesse avait exprimé le désir de m'entendre dans mon tour de chant. Et, un dimanche soir, après la dernière représentation de l'A.B.C., où je passais à ce moment-là, je me trouvai interprétant mon répertoire dans le cadre du cabaret le plus select des Champs-Élysées et devant le plus restreint et le plus choisi des auditoires : la princesse et les quelques personnes qui l'accompagnaient.

J'étais fort émue. Je le fus bien plus encore lorsque, ma dernière chanson terminée, un jeune officier vint me chercher pour me conduire à la table de la princesse. Je le suivis, les jambes en coton et l'esprit en déroute. Comment adresse-t-on la parole à une princesse royale ? On lui dit « princesse », « madame » ou quoi ? Et la révérence ? Est-ce que je devais la faire ? Et comment m'en tirerais-je ? J'avais le sentiment confus que le protocole allait être sérieusement malmené dans les minutes à venir. Je n'étais pas fière…

Comment ai-je salué ? Je n'en ai pas gardé le souvenir. J'espère seulement que le chef du protocole ne regardait pas. M'en suis-je tirée par une génuflexion ? C'est bien possible. Je ne me le rappelle plus. Ce que je sais, c'est que s'adressant à moi en français, la princesse, qui parle notre langue admirablement, m'invita à m'asseoir à ses côtés et qu'elle me dit ensuite des choses très aimables, avec une gentillesse et une simplicité qui me rendaient toute confuse.

Toute confuse et, naturellement, stupide. Car là encore, moi qui ai pourtant la langue bien pendue, ainsi que tous mes amis vous le diront, je n'ai rien trouvé à dire !

J'écoutais, ravie, et je disais :

— Vous savez, aujourd'hui, je suis très fatiguée... Le dimanche, à l'A.B.C., on fait deux matinées et la soirée, vous vous rendez compte ?

La princesse souriait. Elle me rassurait, d'une phrase, et je remettais ça !

— Oui, mais il faudrait que vous m'entendiez quand je n'ai pas eu deux matinées ! Quarante-deux chansons entre trois heures et minuit, ça commence à faire !

Je ne sais combien de temps je suis restée à la table de la future souveraine, mais je sais que je ne lui ai parlé de rien, sinon de ces deux matinées.

J'ai eu plus de chance – on ne peut pas avoir que des malheurs – avec le général Eisenhower, à la table duquel j'ai été invitée quelques mois avant qu'il devînt président des États-Unis.

Le général m'a demandé de lui chanter *Autumn Leaves* dans la version originale française, c'est-à-dire *Les Feuilles mortes*, et nous avons passé la soirée à chanter... de vieilles chansons françaises.

— Connaissez-vous celle-ci ?
— Et celle-ci ?

Et je dois dire que le général, qui a vécu à Paris quelques-unes des années qu'il tient pour les plus heureuses de son existence, m'a révélé plusieurs refrains de folklore que je ne connaissais pas !

Puisque je vous entretiens des personnalités considérables qu'il m'a été donné d'approcher, je veux vous parler de quelqu'un pour qui j'ai eu autant d'admiration que d'affectueuse gratitude : Sacha Guitry.

C'est à « mes » prisonniers, à mes filleuls du Stalag IV D, que je dois d'avoir fait connaissance de l'illustre auteur-acteur, en des circonstances qui me permirent d'apprécier tout ensemble la fertilité de son génie inventif et l'inépuisable générosité de son cœur.

Quand les autorités d'occupation m'avaient pressentie, comme bien d'autres, pour aller donner des représentations en Allemagne, mon premier mouvement, instinctif, avait été de refuser. Après réflexion, pourtant, une petite idée germant dans ma cervelle, j'avais accepté. Chanter des refrains de France devant les gars qui se morfondaient dans les stalags, c'était leur apporter un réconfort moral, quelques instants de joie et d'oubli. Je n'avais pas le droit de les priver de cela. Mais il y avait autre chose ! C'était aussi, nécessairement, entrer dans les camps et y entrer avec des bagages d'artistes assez volumineux et qui n'étaient généralement visités que de façon très superficielle. Or tout manquait à ceux qui, de l'autre côté des barbelés, rêvaient de la « belle ». L'occasion se présentait d'aider quelques-uns d'entre eux à préparer leur évasion, je ne pouvais la laisser échapper.

J'avais donc, à différentes reprises, chanté devant les prisonniers. Ils m'avaient fait fête et, chaque fois, après mon tour de chant, assaillie par eux dans un tumultueux désordre, j'avais distribué des autographes, des cigarettes et de menus cadeaux, moins licites ceux-là, mais autrement précieux : des boussoles, des cartes et des papiers aussi faux que parfaitement en règle[1].

---

1. Andrée Bigard, qui était la secrétaire particulière d'Édith Piaf, fut également une authentique résistante, faisant partie d'un réseau actif et bien organisé. L'astuce qui avait été trouvée, à l'occasion des spectacles donnés par la chanteuse dans les camps de prisonniers, en Allemagne, était qu'Édith – bouleversée par l'accueil de ces hommes – demandait à se faire photographier avec eux. De retour en France, Andrée Bigard faisait passer les rouleaux de pellicules aux photographes de son réseau qui, au prix d'un travail d'orfèvre, isolaient chaque visage pour en tirer des photos d'identité de qualité professionnelle, à partir desquelles les imprimeurs du réseau fabriquaient des faux papiers tout à fait crédibles. Quelques mois plus tard, Édith demandait à retourner chanter pour ses prisonniers, qui l'avaient tant émue, et les faux papiers passaient tous les contrôles, dissimulés parmi ses effets personnels que nul n'aurait fouillés. Le tour était joué. Il ne restait plus qu'à les distribuer avec les cadeaux habituels. À la Libération, beaucoup d'artistes ayant manifesté trop de sympathie envers l'occupant, trop chanté en Allemagne ou trop joué dans des films financés par la propagande, furent jugés par le Comité d'épuration des artistes, et souvent condamnés à des périodes plus ou moins longues d'interdiction professionnelle, certaines carrières – et non des moindres – s'en trouvant définitivement brisées. Convoquée, comme bien d'autres, devant ce tribunal dont les sentences étaient sans appel, Édith prit la chose à la légère, n'essayant même pas de se disculper du fait qu'elle avait souvent proposé, elle-même, d'aller chanter en Allemagne. Heureusement, la fidèle Andrée Bigard produisit toutes les preuves et tous les témoignages souhaitables. Devant ses arguments irréfutables, le verdict du Comité fut : *« Pas de sanctions et félicitations. »*

Marraine du Stalag IV D, j'apprends un jour – c'était en juin 1944 –, par une lettre d'un de mes filleuls, que le camp a été bombardé. Cinquante morts. Donc cinquante familles qui ne reverront jamais leur prisonnier et dont beaucoup étaient dans la misère.

Pouvais-je « faire quelque chose »? C'était la question que me posait mon correspondant, celle aussi que je me posais. Sans trouver la réponse. Un gala ? Bien sûr. L'idée m'était tout de suite venue à l'esprit. Mais j'avais beaucoup chanté à Paris, on m'avait vue et revue. J'attirerais un peu de monde, pas assez pour assurer la grosse recette dont j'avais besoin.

Je cherchais, je cherchais...

Et, brusquement, cédant à une impulsion soudaine, j'empoigne le téléphone et j'appelle Sacha Guitry. Je ne savais absolument pas ce que j'allais lui dire, ni ce que j'allais lui demander, mais, depuis quelques secondes, j'avais la conviction absolue qu'il était seul capable de résoudre le problème dont la solution me fuyait.

Sacha vient à l'appareil. Et je commence à ne plus trouver mes mots !

— Il y a deux minutes, maître, je me sentais pleine de courage et voici que je n'ose plus...

Il me rassure, me réconforte et, me ressaisissant, je parviens à lui expliquer de quoi il s'agit : les prisonniers, le bombardement, le gala...

Le plus dur reste à sortir.

— Malheureusement, toute seule, je ne mobiliserai pas les foules. Or il faudrait de l'argent, beaucoup d'argent. Je viens donc vous demander, maître, si vous consentiriez à me prêter votre nom. S'il est à l'affiche, nous ferons une recette formidable...

— Ce gala, où avez-vous l'intention de le donner ?

Sacha Guitry a posé la question gentiment, avec une sympathie que la chaleur de sa voix laisse deviner, mais je ne me rends pas moins compte, brusquement, avec un frisson d'angoisse, de l'incongruité de ma démarche. Je suis tout simplement en train de demander au premier comédien de ce temps s'il est disposé à paraître sur la scène d'un cabaret !

Pourtant, il faut répondre ! Je me résigne.

— Je chante actuellement au Beaulieu. Alors j'ai pensé…

La suite ne vient pas. Sacha Guitry, qui sans doute devine mon embarras, se montre charitable.

— Vous savez que je n'ai jamais fait de cabaret de ma vie ? Ce seront mes débuts. C'est grave, des débuts ! Voulez-vous m'accorder vingt-quatre heures de réflexion et me rappeler demain au téléphone ?

Je posai l'appareil avec un soupir de soulagement. Il avait eu la courtoisie de m'épargner, mais cela tombait sous le sens, il y a des choses qu'on ne demande pas à un Sacha Guitry. Mais le lendemain, quand je décroche le téléphone, qu'est-ce que j'entends ? Des phrases qui me font douter de mes oreilles. Je ne veux pas encore le croire, parce que c'est trop beau, mais Sacha Guitry a tout l'air d'accepter !

— Mademoiselle, me dit-il, j'aurais peut-être une idée. Toutefois, avant de vous la soumettre, j'aimerais voir ce cabaret. Est-ce possible ?

Je suis stupéfaite et folle de joie.

— Mais bien sûr, maître ! Quand vous voudrez, à l'heure que vous voudrez…

— Alors tout de suite.

Quelques instants plus tard, nous nous retrouvions au Beaulieu. Sacha Guitry examina la salle, la scène, posa quelques questions à l'électricien, puis, assez satisfait de sa visite, me sembla-t-il, il me demanda si j'avais le temps de le raccompagner chez lui. J'acceptai d'enthousiasme.

Et me voici dans l'immense salon-cabinet de travail du maître, dans son hôtel de l'avenue Élysée-Reclus. Je suis perdue dans un vaste fauteuil. Sacha Guitry est assis de l'autre côté d'une grande table, sur laquelle je revois de grosses boîtes de carton rouge, qui contiennent des soldats de plomb et des mains de marbre, exécutées, je crois, sur des moulages de Rodin. Et, de cette voix incomparable, qui semblait donner aux mots qu'il prononçait une valeur toute neuve, il parla de ce gala, dont la réussite lui était maintenant aussi chère qu'à moi-même.

— Nous ferons quelque chose d'inédit, me dit-il, mais mon idée n'est pas encore tout à fait au point. Nous y reviendrons. De toute façon, je dirai quelques poèmes de jeunesse, et peut-être une pièce de circonstance…

Je suis rouge comme une pivoine. Je balbutie :

— Alors, maître, vous acceptez ?

— Vous en avez jamais douté ? Quelle recette pensez-vous faire ?

Je calcule.

— Avec votre nom sur l'affiche, maître, nous pouvons faire payer l'entrée deux mille francs. Il y a deux cents places…

Sacha Guitry fait la moue.

— Quatre cent mille ? C'est peu. Mais nous trouverons quelque chose…

Ce qu'il trouva ? Voici…

Vers le milieu de la soirée – ai-je besoin de préciser qu'elle fut éblouissante, la participation de Sacha Guitry au spectacle ayant attiré l'élite de la société parisienne ? – le charmant Jean Weber monta sur la scène pour annoncer... une vente aux enchères :

— « Encore ? » allez-vous dire. Eh ! oui, encore. Mais originale, sur une idée de Sacha Guitry. Originale, en ce sens qu'en cet instant où je vous parle nous n'avons rien à vendre. Rien ! Seulement Sacha a pensé qu'il y avait ici, ce soir, des femmes ravissantes, des femmes comblées, ayant la chance d'avoir près d'elles leur mari, leur fiancé, leur frère, leur père, et qu'elles ne sont venues que pour affirmer leur solidarité envers d'autres femmes, qui, celles-là, ne reverront plus jamais leur mari, leur fiancé, leur frère ou leur père. Et il s'est dit qu'elles ne refuseraient pas de se dépouiller de leurs joyaux ou de leurs fourrures pour apporter un peu de bien-être à celles qui n'auront plus jamais rien. Ce que je vais mettre aux enchères, mesdames, c'est ce que vous allez nous offrir !

Cinq minutes plus tard, Jean Weber, puisant dans le tas de fourrure qui s'amoncelait maintenant sur l'estrade, mettait en vente un premier manteau de vison. Un second suivit, puis un collier, puis une écharpe... Les enchères montaient, montaient, chacun – ou plutôt chacune – finissant par rentrer en possession de son bien. Après quoi, Jean Weber annonça qu'il lui restait à vendre, « don d'un monsieur », un objet qui, celui-là, ne retournerait pas à son propriétaire : c'était le portefeuille de Sacha Guitry contenant deux lettres, l'une de Lucien Guitry, l'autre d'Octave Mirbeau, et, document non moins rarissime, une photographie de

Lucien Guitry et de Sacha enfant, prise à Saint-Pétersbourg en 1890.

Debout dans la coulisse, heureuse et au bord des larmes, j'assistais à ces dernières enchères en mordillant mon mouchoir. Une main se posa sur mon épaule. Je tournai la tête. Sacha Guitry me souriait.

— Quand Jean Weber aura fini, me dit-il, nous monterons tous sur la scène, vous avancerez jusqu'à la rampe et vous direz, en nous montrant : « Nous avons fait ce que nous avons pu. » Puis, désignant le public du geste, vous ajouterez : « Mais vous, vous avez fait deux millions ! Bravo et merci ! »

Jamais je n'oublierai la soirée du 11 juillet 1944.

XII

Car tout était miraculeux,
L'églis' chantait rien que pour eux
Et mêm' le pauvre était heureux !
C'est l'amour qui f'sait sa tournée
Et de là-haut, à tout' volée,
Les cloch's criaient : « Viv' la mariée. »

« Mariage »
H. CONTET – M. MONNOT, 1946

C'est en 1939, peut-être même en 1938, que j'ai rencontré Jacques Pills pour la première fois. J'avais souvent entendu parler de lui, car il avait déjà rang de vedette, mais nos routes ne s'étaient jamais croisées. Nous chantions à Bruxelles dans le même programme. Mon nom, encore peu connu, s'inscrivait sur l'affiche en caractères microscopiques, guère plus gros que celui de l'imprimeur, alors que le sien y figurait en lettres énormes et bien grasses, avec celui de Georges Tabet, son partenaire.

Pills et Tabet étaient les duettistes à la mode. Créateurs de nombreuses chansons devenues populaires, ayant lancé, entre autres succès, le charmant *Couché dans le foin*, de Mireille et Jean Nohain, ils avaient parcouru l'Amérique, *from coast to coast*, de l'Atlantique au Pacifique, et faisaient recette partout, alors que ma modeste réputation n'avait pas encore franchi les frontières. Il était donc parfaitement normal que toute la publicité du spectacle se fît sur eux. Je l'écris aujourd'hui, et je le pense. Mais, à l'époque, je trouvais cela extravagant et injuste. Je le répétais dans les coulisses, dans l'espoir que mes propos seraient rapportés aux intéressés, ce qui ne manqua pas, et, pour bien marquer mon désaccord, je me livrais tous les soirs à une petite manifestation, peu bruyante, mais qui me vengeait : mon tour de chant terminé, je quittais le théâtre. La dernière représentation venue, je n'avais pas entendu Pills et Tabet. En conçurent-ils quelque amertume ? J'en doute. D'ailleurs, ils avaient bien pris soin, l'un et l'autre, de ne jamais se rendre dans la salle quand j'étais en scène et ils ne m'avaient donc pas entendue, eux non plus. Je n'étais toujours pour eux qu'un nom, tout petit, et… une mauvaise tête.

Je revis Jacques à Nice en 1941 et, cette fois, je l'entendis chanter. Mes préventions contre lui tombèrent, et je dus m'avouer que je l'avais, à Bruxelles, fort mal jugé et qu'il ne m'était nullement antipathique. Au contraire ! Il ne me déplaisait pas du tout et il me semblait bien, quand nous bavardions, que, moi non plus, je ne lui déplaisais pas. Il ne le disait pas, mais ses yeux ne manquaient pas d'éloquence. Seulement nous n'étions libres ni l'un, ni l'autre…

Nous nous retrouvâmes, quelques années plus tard, à New York, où Jacques produisait son tour dans un cabaret, tandis que je chantais dans un autre. Nous nous rencontrions, de temps à autre, chez des amis communs. Avec joie, mais aussi avec une certaine gêne. Nous parlions « métier », uniquement. Je lisais mille choses dans son regard, j'imagine qu'il n'en découvrait pas moins dans le mien, mais la situation, inchangée, restait ce qu'elle était à Nice. L'heure n'était pas encore venue pour nous de faire route ensemble…

J'étais rentrée en France quand j'appris que Jacques venait de divorcer. Depuis peu, je me retrouvais libre, moi aussi.

Je me dis, ce jour-là, que je connaissais deux libertés qui pourraient bien s'unir avant longtemps. Quand les choses sont écrites, on le sent.

Ce que je ne pouvais deviner, c'était la façon dont le Destin allait s'y prendre pour nous remettre en présence. Après une longue tournée en Amérique du Sud, Jacques rentrait en France, sur l'*Île-de-France,* en compagnie de son agent américain, Eddie Lewis, lequel s'occupait également de mes intérêts de l'autre côté de l'eau depuis la mort de Clifford Fischer.

Un jour, sur le bateau, il lui fredonne une chanson et lui demande :

— À votre avis, Eddie, à qui devrais-je la donner ?

— Pas de problème ! À Édith, *of course.*

— Vous me faites plaisir, car c'est en songeant à elle que je l'ai écrite, mais je la connais à peine et je n'oserai jamais la lui proposer.

— Ne vous tracassez pas, Jacques, j'arrangerai ça dès mon arrivée à Paris !

Tenant sa promesse, Eddie Lewis, à peine installé au George-V, me téléphone.

— Il faut absolument que je vous présente un garçon qui a fait pour vous une chanson magnifique. Quand pouvez-vous nous recevoir ?

Nous prenons rendez-vous pour le lendemain, à la fin de l'après-midi. J'arrive en retard, selon ma funeste habitude, et qui vois-je, m'attendant dans le salon, avec un pianiste ? Eddie Lewis, bien sûr, et Jacques Pills ! J'en reste abasourdie. Ainsi ce garçon qui écrivait des chansons pour moi, c'était lui !

Revenue de ma surprise, je vais à Pills et, un peu sceptique, je lui dis :

— Vous écrivez donc des chansons ?

— Mais oui ! Depuis le lycée…

— J'ignorais. Et qu'est-ce que c'est, celle que vous avez à me montrer ?

Je brûlais de la connaître. Non pas seulement parce que Lewis n'avait pas hésité à la qualifier de « magnifique », mais aussi parce que, j'en fais l'aveu public, je n'ai jamais pu chanter une chanson de quelqu'un qui ne m'est pas sympathique, alors que j'adore interpréter les œuvres de mes amis. C'est idiot, peut-être, mais c'est comme ça ! Il n'est d'ailleurs pas prouvé que ce soit aussi ridicule qu'il semble à première vue. Je sais un homme plein de jugement qui se plaît à répéter qu'un grand poète « ne peut avoir une sale bobine ». Si c'est vrai, et je ne suis pas loin de le croire, pourquoi mon instinct ne me mettrait-il pas en garde contre les gens qui ne peuvent pas m'écrire de bonnes chansons, non par défaut de talent, mais parce qu'il n'y a, entre eux et moi, aucune affinité ?

Jacques, cependant, après quelques secondes d'hésitation, répond à ma question avec un embarras visible.

— Le titre, si vous le permettez, je ne vous le dirai que tout à l'heure. J'ai peur qu'il ne vous paraisse un peu trop… réaliste. Quant à la chanson, je l'ai écrite pour vous, à Punta del Esto, une des plus jolies villes de l'Uruguay.

— Paroles et musique ?

— Non, les paroles seulement. La musique est de mon accompagnateur, un Toulonnais, qui était avec moi là-bas. Il s'appelle Gilbert Bécaud et il a un talent fou.

Là-dessus, le pianiste attaque, et Jacques me chante *Je t'ai dans la peau.*

Je t'ai dans la peau,
Y a rien à faire !
Obstinément, tu es là
J'ai beau chercher à m'en défaire
Tu es toujours près de moi...
Je t'ai dans la peau,
Y a rien à faire !
Tu es partout sur mon corps
J'ai froid, j'ai chaud,
Je sens tes lèvres sur ma peau,
Y a rien à faire,
J't'ai dans la peau.

J'ai été emballée. Par la chanson d'abord. Une réussite exceptionnelle, je n'avais pas besoin de l'entendre deux fois pour en être convaincue. Mais aussi par l'interprétation qu'en donnait Jacques Pills, une interprétation si heureusement venue que, lorsque j'ai mis la chanson à mon répertoire, je l'ai chantée exactement comme Jacques me l'avait chantée, sans ajouter un jeu de scène, sans en retrancher aucun, sans rien modifier.

Ce soir-là, Eddie Lewis et Jacques ont dîné à la maison.

Et Jacques est revenu le lendemain, et les jours suivants. Cette chanson, il fallait bien la répéter, la travailler, la mettre au point ! Il nous arrivait de faire allusion à nos rencontres de Nice et de New York, mais, dans ces moments-là, nos yeux se fuyaient. Nous nous donnions la comédie. Nous sommes sortis ensemble, beaucoup, simulant une camaraderie qui ne nous trompait que dans la mesure où nous le voulions bien.

Et puis, un jour, Jacques m'a dit qu'il m'aimait…

Un peu plus tard, il m'a demandé de l'épouser.

Si je parle librement de mon mariage, c'est, je tiens à le dire, parce que je ne regrette rien. Il a duré quatre ans, de belles années que je ne voudrais pas ne pas avoir vécues. Pourquoi les renierais-je aujourd'hui ?

Pills, donc, m'a dit un jour :

— Et si je te demandais de devenir ma femme ?

Cette question, je ne l'attendais guère et j'avoue qu'elle m'a coupé le souffle. Le mariage, je n'avais rien contre. Seulement, je pensais, et je crois bien que je ne me trompais pas, qu'il est des vies avec lesquelles il est à peu près incompatible. Avoir un foyer, un vrai *home*, quand les exigences du métier vous trimbalent aux quatre coins du monde, de janvier à décembre ? Pas facile. Pourtant, l'expérience valait d'être tentée.

Et, le 20 septembre 1952, je devins Mme René Ducos.

Nous aurions voulu nous marier en France, mais nos papiers n'étaient pas prêts et nos contrats nous appelaient aux États-Unis. La cérémonie eut donc lieu en la petite église française de New York, où un prêtre américain, d'origine italienne, bénit notre union. Mon témoin était ma grande amie Marlène Dietrich, qui m'avait habillée des pieds à la tête, et c'est mon cher Louis Barrier, mon impresario et ami depuis près de treize ans, qui me conduisit à l'autel.

Nos amis avaient organisé deux réceptions en notre honneur, la première au Versailles, la seconde au Pavillon, le plus grand restaurant français de New York.

Il n'y eut pas de voyage de noces. Le soir, nous faisions, l'un et l'autre, notre tour de chant, Pills à la Vie en rose, moi au Versailles…

Ainsi Jacques chantait à la Vie en rose, je chantais au Versailles.

Il y avait là comme un symbole. Nous étions unis du matin, et déjà le métier nous séparait !

La chanson *Ça gueule, ça, madame !* que Jacques eut l'idée amusante de donner au Versailles le soir même de notre mariage, avec mon plein assentiment, donne une impression très fausse de ce que fut notre intimité. Il est certain que j'ai un côté « tout feu, tout flamme » qui fait que je ne supporte pas toujours la contradiction, alors que Jacques est un grand calme, placide et conciliant, mais, malgré la différence de nos caractères, notre mariage eût été une totale réussite si nous n'avions été, l'un et l'autre, des vedettes du tour de chant.

Si j'ai pu exercer une certaine influence sur l'évolution de son talent et l'orienter vers les chansons « fortes » qui conviennent si bien à son tempérament et à ses dons, Jacques ne m'avait pas attendue pour devenir quelqu'un. Les Américains l'avaient surnommé « Monsieur Charme » dès son premier voyage aux États-Unis. Il avait sa place, j'avais la mienne, et il n'y eut jamais entre nous rivalité d'artistes. Nous pouvions, sans nous porter ombrage, voisiner dans un même programme.

Un temps, nous avons cru qu'il nous serait possible de courir le monde, l'un à côté de l'autre et la main dans la main. On nous vit sur la même affiche à Marigny, puis en tournée avec le Super-Circus, puis aux États-Unis, dans une randonnée qui nous mena jusqu'aux rives du Pacifique.

C'était trop beau pour durer. Le moment vint où nous dûmes convenir que, malgré nos efforts, il ne nous était pas possible de faire coïncider plus longtemps nos deux carrières. Les salles n'étaient pas assez nombreuses qui pouvaient s'offrir le luxe, quand même coûteux, de « programmer » ensemble Jacques Pills et Édith Piaf. Une première fois, nous dûmes jouer à plusieurs milliers de kilomètres l'un de l'autre, puis une seconde, puis une troisième... Une opérette l'appelait à Londres, alors que mes contrats me retenaient à New York. J'étais à Las Vegas. Ou à Paris.

Nous n'avons pas voulu être les époux qui se disent bonjour en vol, d'un avion à l'autre, au milieu de l'Atlantique, l'un filant vers les USA, l'autre vers la France.

Mais nous ne pouvons regretter, ni lui, ni moi, d'avoir fait un bout de chemin ensemble et nous restons unis par les liens solides d'une amitié sincère.

XIII

Un artiste peut ouvrir, en tâtonnant, une porte secrète et ne jamais comprendre que cette porte cachait un monde.

Jean COCTEAU

La première fois que j'ai fait du théâtre, je ne me suis pas ennuyée : j'ai joué du Cocteau.

Je l'admirais longtemps avant de le connaître – peut-on l'avoir lu sans l'admirer ? – mais je dois dire que, le jour où des amis me présentèrent à lui, je fus à la fois éblouie et conquise. Il me parla de la chanson avec cette lucidité extraordinaire qui stupéfie ses amis, si habitués qu'ils soient aux feux d'artifice qu'il tire au cours de la conversation, et je fus heureuse d'apprendre qu'il aimait le music-hall.

— C'est là, me dit-il, qu'on rencontre le vrai public, celui des matches de football et des combats de boxe. Nous ne sommes plus au temps des tours d'ivoire et les snobs ne comptent plus. M. Tout-le-Monde est autrement intéressant qu'eux, mais aussi autrement difficile…

Quand, sur son invitation, je me mis à l'appeler par son prénom, comme font des centaines de gens sur le visage desquels il hésiterait à mettre un nom s'ils venaient à l'approcher, une ambition insensée commença de me trotter dans la cervelle. À Marianne Oswald, de qui le tour de chant provoquait, dans le promenoir des Folies-Wagram, des batailles qui se prolongeaient parfois jusque sur le trottoir, il avait donné deux inoubliables « chansons parlées », *Anna la bonne* et *La Dame de Monte-Carlo.* Pour Arletty, il avait d'un conte de Pétrone tiré un sketch, *L'École des veuves*, qu'elle avait joué à l'A.B.C., quelques années avant la guerre. Peut-être, si je l'en priais, consentirait-il à me faire le grand honneur d'écrire quelque chose pour moi...

Un jour, je me risquai à le lui demander.

— Naturellement, ajoutai-je, il ne s'agirait pas d'un grand machin... Je ne me vois pas dans une pièce en trois actes. Un seul me suffirait...

Je pensais, sans oser le dire, à *La Voix humaine* et à l'incomparable Berthe Bovy. Ce qu'il m'aurait fallu, c'était quelque chose du même genre. Une *Voix humaine* à ma mesure...

À mon immense joie, l'idée ne parut pas déplaire à Cocteau.

— Pourquoi pas ? me répondit-il. Je vais y songer et tu auras ton sketch. Mais je te préviens, ne t'attends pas à y trouver des mots d'esprit et des images de poète. Ce sera un dialogue tout simple, écrit « en gros caractères » pour être compris de tous...

Ce fut *Le Bel Indifférent.*

La pièce est à deux personnages, dont un reste rigoureusement muet. Le décor représente une pauvre chambre d'hôtel éclairée par les réclames de la rue. Au lever du rideau, la femme est seule en scène. C'est une petite chanteuse de *night-club*, vivant avec un beau garçon qui ne l'aime plus. Elle passe sa vie à l'attendre. Cette nuit encore, elle l'attend. Il rentre, passe sa robe de chambre, se couche sur le lit, allume une cigarette et déploie un journal qui lui cache la figure. Il n'a pas ouvert la bouche.

Et elle parle. Et c'est le pathétique monologue de l'amour qui n'est pas partagé. Elle passe de la colère à la douleur, de la douceur à la menace, elle se fait tendre, elle se révolte, elle s'humilie :

« Je t'aime. C'est entendu. Je t'aime et c'est ta force ! Toi, tu prétends que tu m'aimes. Tu ne m'aimes pas. Si tu m'aimais, Émile, tu ne me ferais pas attendre, tu ne me tourmenterais pas à chaque minute, à traîner de boîte en boîte et à me faire attendre. Je me ronge. Je ne suis plus que l'ombre de moi-même. Un fantôme… »

L'homme s'endort. Elle le réveille. Il se lève et se rhabille, pour aller retrouver sa maîtresse. Elle le menace de le tuer, elle s'accroche à lui.

« Pardon ! je serai sage. Je ne me plaindrai pas. Je me tairai. Là… Là… je me tairai. Je te coucherai et je te borderai. Tu dormiras. Je te regarderai dormir. Tu auras des rêves et, dans les rêves, tu iras où tu veux, tu me tromperas avec qui tu veux… Mais reste… reste ! Je mourrais s'il fallait t'attendre demain et après-demain… C'est trop atroce. Émile, je t'en conjure, reste !… Regarde-moi. J'accepte. Tu peux mentir, mentir, mentir et me faire attendre. J'attendrai. J'attendrai autant que tu voudras ! »

Il la repousse, lui donne une gifle et sort en claquant la porte. Elle court à la fenêtre pendant que le rideau tombe.

C'est tout.

Et c'est un chef-d'œuvre.

Il fut décidé que *Le Bel Indifférent*, joué dans un décor de Christian Bérard, ferait spectacle avec *Les Monstres sacrés* aux Bouffes-Parisiens. La pièce serait donnée en fin de soirée et j'aurais pour partenaire Paul Meurisse. Je l'avais connu au cabaret, où il chantait des chansons gaies sur le mode lugubre, et il serait magnifiquement servi dans le rôle par son masque sévère et son impassibilité naturelle[1].

Je me mis à apprendre le texte de Cocteau, un travail pour moi tout nouveau, mais passionnant, puis les répétitions commencèrent. Je m'efforçais de ne pas trop le laisser voir, mais j'étais assez fière de débuter dans la comédie et plus encore d'aborder le théâtre dans une pièce spécialement écrite à mon intention par un grand poète. Si je me rendais compte que la partie que j'allais jouer était importante, elle ne m'effrayait nullement. Jean, d'ailleurs, me rassurait. Je suivais à la lettre toutes ses indications, tout irait bien et je n'avais pas la moindre raison de me faire du souci.

Le soir de la générale, vers dix heures, j'étais dans ma loge, déjà prête, quand survint un ami.

---

1. Au ton détaché adopté par Édith Piaf pour nous parler de son partenaire, on serait tenté de croire qu'ils se connaissaient à peine. Or, nous l'avons vu, Paul Meurisse est l'homme qui a remplacé Raymond Asso dans la vie et le cœur de la chanteuse lorsque ce dernier a été contraint de rejoindre son unité, à Digne, aux premiers jours de la mobilisation. Il y a donc plusieurs mois qu'ils vivent ensemble, lorsque la pièce est créée, aux Bouffes-Parisiens, en avril 1940. D'ailleurs, quand commence leur liaison, la chanteuse ne connaît pas encore Jean Cocteau, qui ne lui sera présenté que quelques semaines plus tard, lors d'un dîner organisé pour l'occasion par l'épouse du célèbre éditeur de musique Raoul Breton – la fameuse « Marquise ». Enfin, il semble évident que le contraste entre le flegme de Paul Meurisse et les colères que cette apparente indifférence déclenchait chez Piaf a dû inspirer, à Jean Cocteau, quelques scènes du *Bel Indifférent*.

En pleine forme, heureuse, je l'accueillis par une plaisanterie. Il s'étonna de me trouver si parfaitement détendue.

— Tu me stupéfies ! me dit-il. Tu n'as pas l'air de comprendre que tu vas parler pendant une demi-heure, sans personne pour te donner la réplique, et qu'un dialogue de théâtre, signé Cocteau, c'est tout de même autre chose qu'une chanson. Tu devrais te concentrer un peu ! Les artistes qui sont en scène, à l'instant où je te parle, s'appellent Yvonne de Bray, Madeleine Robinson et André Brulé. Tu vas passer derrière eux. Tu vois ce que ça signifie ? Et tout Paris est dans la salle, qui te guette au tournant !

Il disait cela dans les meilleures intentions du monde, mais il avait bien mal choisi son moment. Car, brusquement, j'ai « réalisé ». Il n'avait que trop raison. J'étais inconsciente. On ne se présente pas sur le théâtre après une Yvonne de Bray quand on n'a pas fait d'études dramatiques ! L'aventure allait tourner à ma confusion, je me couvrirais de ridicule, les gens diraient : « C'est bien fait ! Elle n'a que ce qu'elle mérite ! » et je ne pourrais même pas leur donner tort. J'étais anéantie. Je ramassai mon sac à main, qui traînait sur la table de maquillage, et, me levant d'un bond, je me précipitai vers la porte : je ne jouerais pas, je voulais partir, m'enfuir, me réfugier n'importe où…

On me retint, on me raisonna et, finalement, poussée par quelques mains amies, j'entrai en scène. Je tremblais. Je devais d'abord, pendant un instant, me promener dans la chambre, sans dire un mot. J'allais à la fenêtre, je mettais un disque sur le phono, je le retirais, puis, décrochant le téléphone, je disais : « Allô ! »

Je disais « allô », mais que disais-je ensuite ? Avec angoisse, je venais de découvrir que je ne m'en souvenais plus. J'avais oublié mon texte. Tout mon texte ! C'était le « trou », le noir absolu. Mes paumes étaient moites. Je voyais avec terreur arriver le moment où il me faudrait ouvrir la bouche. Je dirais « allô », mais quand je l'aurais dit trois fois, quatre au maximum, les spectateurs commenceraient à trouver que je me répétais. L'emboîtage approcherait. Il y avait bien, dans la coulisse, dissimulée derrière un portant, ma secrétaire, qui tenait la brochure à la main pour parer, le cas échéant, à mes défaillances de mémoire. Mais pouvait-elle soupçonner que j'étais tombée en panne avant même que d'avoir démarré ?

J'allai au téléphone. Et, comme mes doigts se refermaient sur l'appareil, je me rendis compte, avec un bonheur ineffable, que j'étais sauvée. Un miracle venait de s'accomplir. Comment dire autrement ? Mon texte ? Je le savais. Il m'étais revenu. Aussi brusquement qu'il m'avait abandonnée.

Et je jouai *Le Bel Indifférent* sans avoir à recourir aux bons offices de ma souffleuse.

Comment ai-je joué ce soir-là ? Je ne sais, mais, prise au jeu, empoignée par un texte qui est d'une hallucinante vérité, je puis dire que j'ai vécu l'acte que j'interprétais. À la fin, m'écroulant en larmes sur le lit, j'étais épuisée...

Mais la salle applaudissait. Jean Cocteau m'embrassa et la presse, le lendemain, voulut bien reconnaître que je m'étais tirée à mon honneur d'une entreprise pour moi difficile. Malheureusement, l'époque – février 1940 – était peu favorable au théâtre, et *Le Bel Indifférent*, qui semblait parti pour une longue carrière, dut quitter l'affiche après trois mois de représentations[1].

Au passage, je veux parler d'une curieuse expérience que je fis, alors que j'étais, honneur auquel j'eus quelque peine à m'habituer, la pensionnaire (très provisoire) du Théâtre des Bouffes-Parisiens.

Madeleine Robinson, qui jouait dans *Les Monstres sacrés*, avait dû entrer en clinique pour une opération urgente. Elle n'était pas doublée. Quelques heures avant la représentation, Jean Cocteau me téléphona donc, pour me demander si je ne voudrais pas, le soir, *lire* le rôle de Madeleine.

— J'aurai le texte sous les yeux ?

— Bien entendu.

— Alors, d'accord !

Lire un texte en scène, je croyais que c'était tout simple.

Eh bien ! c'est effroyable !

---

1. Contrairement à ce qu'affirme Édith Piaf, février 1940 est un mois plutôt tranquille, puisque les opérations militaires en sont toujours réduites au *statu quo*. Après six mois de drôle de guerre, théâtres et music-halls font de très bonnes affaires. Édith fait d'ailleurs sa rentrée à Bobino le 16 de ce mois... et, de toute façon, la pièce ne sera créée qu'en avril. Appelé sous les drapeaux aux premiers jours d'avril, Paul Meurisse (influence de Cocteau ou de Piaf ?) bénéficiera d'un sursis exceptionnel de dix jours, pour jouer la pièce. À l'expiration de son sursis – au terme de la septième représentation –, il sera donc remplacé par Jean Marconi. Puis la pièce s'arrêtera d'elle-même – comme tous les autres spectacles –, un peu moins d'un mois plus tard, lorsque la Wehrmacht, passant à travers la Belgique, les Pays-Bas et le Luxembourg, foncera sur Paris sans vraiment rencontrer de résistance. Nous sommes donc loin des trois mois annoncés.

Au moins, pour quelqu'un qui n'a pas l'habitude. J'ai sué sang et eau durant toute la représentation, avec la crainte perpétuelle de manquer mes répliques ou de les donner sottement. Et je ne dis pas que cela n'a pas dû arriver, et plus d'une fois, au cours de la soirée. Quoi qu'il en soit, c'est avec un véritable soulagement que je prononçai les dernières lignes du rôle qui s'achevait... sur le mot de Cambronne.

Que je lâchai, paraît-il, avec beaucoup de naturel.

Pour la plus grande joie de la salle, qui éclata de rire, en applaudissant l'amateur de qui la courageuse prestation méritait bien, ce soir-là, quelques bravos.

J'ai repris *Le Bel Indifférent* en 1953, au Théâtre Marigny, avec Jacques Pills dans le rôle créé par Paul Meurisse. La mise en scène était de Raymond Rouleau et un très beau décor de Nina de Nobili remplaçait celui de Christian Bérard, malheureusement perdu. Le succès fut considérable et la critique excellente.

Je ne citerai aucun extrait de presse, mais on me pardonnera de reproduire ici les quelques lignes que Jean Cocteau a bien voulu écrire dans la préface du petit volume où il a recueilli quelques-unes de ses œuvres « mineures », dont *Le Bel Indifférent*, et ses « chansons parlées ». Les voici :

« J'ai parlé déjà des petites tragédiennes (tragédiennes de poche), par exemple Mlles Édith Piaf et Marianne Oswald. Sans elles, un acte comme *Le Bel Indifférent*, des chansons parlées comme *Anna la bonne* ou *La Dame de Monte-Carlo* deviennent bien peu de chose. »

Je m'inscris en faux, en ce qui me concerne, contre cette affirmation. *Le Bel Indifférent* est, pour une actrice, un merveilleux « prétexte », mais elle ne saurait rien y ajouter qui ne s'y trouve déjà au départ. L'œuvre existe en soi, et c'est un chef-d'œuvre.

Ce qui n'empêche, Jean, que je te suis bien reconnaissante d'avoir écrit les lignes que je viens de citer.

XIV

L'homm' que j'aimerai,
Y a si longtemps que je l'aime,
Lorsque je l'aurai,
J'vous jur' que j'le garderai.
Du moins, j'essaierai...
Les hommes sont tous les mêmes !
En tout cas, nous deux,
Nous essaierons d'être heureux.

« L'Homme que j'aimerai »
M. ACHARD – M. MONNOT, 1951

La P'tite Lili, qui marqua mes « seconds débuts » au théâtre (comme on dit à la Comédie-Française), demanda six semaines de répétitions et deux ans de discussions. On n'était d'accord sur rien.

Maître à bord de l'A.B.C., où il tenait le gouvernail depuis des années, Mitty Goldin avait commandé la pièce à Marcel Achard et ne demandait qu'à la monter, à condition que le metteur en scène fût Raymond Rouleau, qui m'avait si heureusement dirigée dans *Le Bel Indifférent*. Marcel Achard ne voulait pas entendre parler de Rouleau, qui déclarait d'ailleurs qu'il ne travaillerait jamais dans un théâtre de Mitty Goldin, surtout pour l'auteur de *Jean de la Lune*. Pour les décors, même chanson, si j'ose dire. Achard tenait à Lina de Nobili, jugée par Goldin indésirable. Le reste était à l'avenant, l'auteur et le directeur s'épuisant en des discussions qui souvent tournaient à l'aigre.

Naturellement, le principal rôle de la pièce m'étant destiné, j'avais voix au chapitre et, de temps à autre, aux minutes de trêve, histoire de reposer les gosiers, on me consultait.

— Ton avis, Édith ?

Ma position, très nette, ne variait pas. Elle tenait en quatre points, dont j'étais bien décidée à ne pas démordre. Je voulais :

1° Jouer *La P'tite Lili*, comédie musicale en deux actes et un nombre indéterminé de tableaux de Marcel Achard, musique de Marguerite Monnot ;

2° Créer l'ouvrage à l'A.B.C., direction Mitty Goldin ;

3° Être mise en scène par Raymond Rouleau ;

4° Enfin avoir des décors de Lina de Nobili.

Tout cela, je l'obtins. Il ne me fallut que deux ans de patience, beaucoup de diplomatie, quelques éclats de voix (pour ne pas me singulariser et rester dans l'ambiance) et pas mal de volonté, une qualité dont j'ai la chance d'être abondamment pourvue. L'accord réalisé, la distribution posa d'autres problèmes. Je voyais Eddie Constantine dans le rôle du gangster. Goldin ne voulait pas de lui. Il le trouvait gauche, maladroit, et il lui reprochait... son accent, ce qui ne laissait pas que d'être piquant, l'excellent Mitty ayant lui-même, malgré trente ans de Paris, conservé jusqu'à son dernier jour un accent d'Europe centrale très marqué. Il céda pourtant, sur mes instances et sur celles de Raymond Rouleau, qui lui faisait observer qu'il était toujours possible de couper des répliques et que les gangsters sont, de tradition, des hommes qui agissent beaucoup et parlent peu. Le chansonnier Pierre Destailles, à qui Marcel Achard avait songé pour le personnage de Mario, n'était plus libre. Il fallut le remplacer. Je proposai Robert Lamoureux, qui brûlait de s'essayer dans la comédie. Goldin hésita longtemps, puis, sans enthousiasme, se résigna à lui donner sa chance. Aujourd'hui, considéré comme un de nos meilleurs comédiens, Robert a prouvé qu'il la méritait.

Et les répétitions commencèrent. Elles ne manquèrent pas de pittoresque. La pièce était faite, bien sûr, mais personne ne l'avait lue, pour la bonne raison que l'auteur n'avait pas encore eu le temps de l'écrire tout entière, personne n'avait de brochure entre les mains. On attaqua les premières scènes. Chaque jour, alerte et d'humeur radieuse, Achard apportait la suite. C'était passionnant... comme un bon feuilleton ! Nous attendions Marcel à son arrivée au théâtre.

— Alors, Marcel, qui a tué ?

— L'assassin, qui est-ce ? C'est moi ou c'est lui ?

Et, au dénouement, la petite Lili, qui épouse-t-elle ?

Marcel Achard souriait à la ronde, nous distribuait les feuillets dactylographiés du matin et, invariablement, nous répondait :

— Ne vous en faites donc pas, mes enfants, vous le saurez un jour ! Pour le moment, répétons !

Qu'auriez-vous fait à notre place ?

Eddie Constantine n'avait pas encore à l'époque sa parfaite connaissance actuelle de la langue française et, dès la seconde répétition, Raymond Rouleau, suivant son idée, taillait dans le texte d'Eddie à grands coups de crayon bleu. Le rôle du gangster serait muet.

— La pièce y gagnera, déclarait Rouleau, et Constantine n'y perdra rien.

Ce n'était pas mon avis, et je le fis bien voir. Je protestai avec véhémence, et ce fut, dans le bureau de Mitty Goldin, une bataille verbale en plusieurs épisodes dont les échos devaient s'entendre jusque sur le boulevard Poissonnière. Je tins bon. Eddie avait été engagé pour jouer et pour chanter, il jouerait et il chanterait. J'étais prête à rendre mon rôle, quitte à payer tous les dédits nécessaires, si je n'obtenais pas satisfaction. Après huit jours de bagarre, Rouleau haussa les épaules, abandonnant la lutte. Mitty Goldin poussa un soupir navré, prédit que nous courions à la catastrophe et quitta le théâtre, écœuré. Il ne devait pas m'adresser la parole dans les jours qui suivirent.

Et, le soir de la « générale », tout se passa le mieux du monde. Eddie eut certes des difficultés avec son texte, mais comme il possède une voix magnifique, il gagna sa partie avec ses chansons. On lui fit bisser *Petite si jolie* :

Petite si jolie
Avec tes yeux d'enfant,
Tu boul'verses ma vie
Et me donn' des tourments.
Je suis un égoïste,
J'ai des rêves d'enfant.
Si j'ai le cœur artiste,
Je n'ai aucun talent...
Voilà, jolie petite,
Il ne faut pas pleurer,
Le chagrin va si vite
Laisse-moi m'en aller !

La P'tite Lili marqua un tournant dans la carrière d'Eddie Constantine. Elle avait jusqu'alors comporté plus de bas que de haut. Il allait maintenant, après quelques traverses encore, filer rapidement vers les sommets. La fortune lui avait donné rendez-vous au cinéma.

Nous nous étions rencontrés quelques mois avant *La P'tite Lili*, au Baccara, où je donnais mon tour de chant. M'ayant entendue, il avait écrit une version anglaise de l'*Hymne à l'amour*, qu'il désirait me soumettre. Je trouvai l'adaptation intéressante, encore qu'elle eût besoin de légères retouches, et l'auteur infiniment sympathique. Notre amitié-passion – le terme est de lui – naquit ce jour-là et se prolongea suffisamment pour lui porter bonheur.

Il ne l'a pas oublié, et c'est avec plaisir que, dans les souvenirs qu'il a publiés il y a quelques mois sous le titre *Cet homme n'est pas dangereux*, j'ai lu, après une rosserie peut-être inutile, quelques lignes que je veux reproduire ici :

« Édith Piaf m'a tout appris, à moi comme à quelques autres, *tout*, sur la tenue en scène d'un chanteur. Elle m'a donné confiance en moi. Et je n'avais pas du tout confiance en moi. Elle m'a donné le désir de lutter. Et je n'avais pas du tout envie de lutter. Au contraire, je me laissais aller. Pour que je devienne quelqu'un, elle m'a fait croire que j'étais quelqu'un.

» Elle a une sorte de génie pour affirmer, renforcer la personnalité. Elle me répétait sans arrêt : "Tu as de la classe, Eddie. Tu es une future vedette !" Venant d'elle, vedette de premier rang, cette affirmation me galvanisait. »

La P'tite Lili remporta, dès le premier soir, un éclatant succès, que la presse constata le lendemain, sans toutefois s'y associer entièrement.

Les journaux déclaraient que la mise en scène de Raymond Rouleau était excellente, ils célébraient la beauté des décors de Lina de Nobili et la souple grâce de la musique de Marguerite Monnot, et ils couvraient de louanges les interprètes, les « inédits », Robert Lamoureux et Eddie Constantine, et les autres, l'amusante Marcelle Praince et l'élégant Howard Vernon en tête. Je recevais ma large part d'éloges et je tiens à citer ici les lignes qu'écrivait M. Paul Abram, l'ancien directeur de l'Odéon :

« Édith Piaf, chanteuse mondialement célèbre, n'avait, sur le facile chemin du succès consacré, qu'à continuer une carrière glorieuse.

» Elle a voulu faire plus et prendre courageusement un virage qui, pour tant d'autres, eût été périlleux, peut-être fatal. Se dégageant de l'immobilité, adossée au piano, le corps comme absent, où seuls vivaient les bras et le visage, elle s'est brusquement décidée à devenir une actrice vive, alerte, enjouée, sensible. Sa réussite s'avère totale.

» Ce qui frappe le plus dans cette métamorphose, c'est l'extrême justesse de ton et la variété des qualités expressives de la nouvelle comédienne. Nous connaissions Édith Piaf chanteuse des timbres douloureux, où sa voix profonde, étrangement sexuée, clamait les râles du désespoir et de l'amour. Nous ne soupçonnions pas la multiplicité de ses dons qui, dans *La P'tite Lili*, vont de la fantaisie la mieux accordée à l'émotion la plus vraie... Elle a, sans nul effort apparent, dessiné les différents aspects de son personnage avec un rare et inégalé bonheur. »

Si invraisemblable que cela puisse paraître, les réserves commençaient quand on en venait à parler de la pièce elle-même !

On reprochait simplement à l'auteur de n'avoir pas écrit un nouveau *Jean de la Lune* ou un nouveau *Domino* ! Personne ne consentait à s'apercevoir qu'il n'avait pas visé si haut et qu'au demeurant l'intrigue qu'il avait imaginée était fort ingénieuse et supérieurement conduite. Autour de l'héroïne, une arpète et un moineau de Paris, chanson aux lèvres et cœur sur la main, il avait construit une histoire d'amour, compliquée d'une affaire de règlement de comptes entre gangsters. Le tout, une heureuse combinaison de la Série Noire et de la Bibliothèque Rose, ainsi que quelqu'un devait l'écrire, était traité avec une ironie très « achardienne », en un savant cocktail où l'humour et l'émotion formaient le plus agréable et le plus léger des mélanges. Il y avait des scènes charmantes, des mots spirituels, un dialogue plein d'esprit. Et aussi, Marcel Achard tournant le couplet avec beaucoup d'adresse, de ravissantes chansons. Le public n'en demandait pas plus. Il eût été difficile.

Les critiques témoignaient de plus d'exigences. Ils auraient voulu trouver dans la pièce ce que Marcel Achard n'avait jamais eu l'intention d'y mettre. Drame de l'incompréhension. Certains, qui reconnaissaient avoir passé à l'A.B.C. une excellente soirée, discutaient leur plaisir et s'interrogeaient sur le genre de l'ouvrage. Était-ce bien une comédie musicale comme le prétendait le programme ? N'était-ce pas plutôt une opérette ? Ou autre chose encore ? Discussions byzantines. Le public ne cherchait pas si loin. Quant à Marcel Achard, il rigolait doucement. Il restera toujours l'homme qui, prié par un docteur ès dramaturgie de définir son système dramatique, répondit : « Système dramatique ? Connais pas ! » Pour lui, la grande règle est de plaire. *La P'tite Lili* plaisait, c'était l'essentiel.

Comédie musicale, opérette, fantaisie à couplets ou autre chose, *La P'tite Lili* prit un départ foudroyant et tint l'affiche sept mois durant. Les représentations ne furent interrompues que parce qu'un accident de voiture m'éloigna de la scène pour de longues semaines[1]. Mais je ne crois pas la carrière de *La P'tite Lili* terminée à jamais. J'espère bien reprendre la pièce quelque jour sur une scène parisienne – pourquoi pas à l'A.B.C. de Léon Ledoux ? – et chanter de nouveau les couplets optimistes de *Demain, il fera jour* :

Demain, il fera jour
C'est quand tout est perdu que tout commence...
Demain, il fera jour !
Après l'amour, un autre amour commence.
Un petit gars viendra en sifflotant
Demain,
Il aura les bras chargés de printemps
Demain,

---

1. L'accident eut lieu le 14 août 1951, près de Tarascon. À bord de la voiture, une traction avant 15 CV Citroën – outre Édith –, se trouvaient Charles Aznavour, Roland Avelys – un artiste sur le déclin affublé d'un pseudonyme pour le moins incongru : « Le Chanteur sans Nom » – et André Pousse, le champion cycliste, vainqueur des mythiques Six Jours et futur acteur de cinéma. Pour l'heure, il a pris la place d'Eddie Constantine dans le cœur d'Édith. C'est lui qui conduisait, la chanteuse étant assise à ce qu'il est convenu d'appeler « la place du mort ». Lorsqu'on la retire des décombres de la voiture, elle a le bras gauche cassé, plusieurs côtes enfoncées qui l'empêchent de respirer et le corps couvert de plaies. Comme elle souffre terriblement, on lui administre de la morphine pour calmer ses douleurs. C'est le début d'une débâcle lente et systématique. Tant qu'elle reste à l'hôpital, la quantité de drogue absorbée, soigneusement contrôlée par les infirmières, ne dépasse pas certaines limites ; mais sitôt qu'Édith rentre chez elle, une partie de son entourage découvre que pourvoir à ses besoins en morphine est une activité des plus lucrative.

Les cloches sonneront dans votre ciel
Demain,
Tu verras briller la lune de miel
Demain,
Tu vas sourire encore.
Aimer encor', souffrir encor', toujours.
Demain, il fera jour !
Demain !

XV

Une grande tournée aux États-Unis et en Amérique du Sud m'a tenue éloignée de Paris onze mois durant.

Si, au début, j'ai pris du plaisir à passer de New York à Hollywood, de Las Vegas à Chicago, de Rio à Buenos Aires, la France m'a manqué rapidement et j'ai dû me faire violence pour respecter à la lettre la longue randonnée minutieusement arrêtée par Louis Barrier.

Ici et là, au hasard de ma route, j'ai trouvé des connaissances, j'ai noué des amitiés, mais un si long éloignement de la France, de Paris, c'est une asphyxie, une lente agonie. L'air de Paris, ça ne se remplace pas…

Souvent, au cours de cet exil volontaire, j'ai évoqué avec Robert Chauvigny, mon fidèle chef d'orchestre depuis treize ans, tel coin des Champs-Élysées, telle rue du Marais, tel aspect des grands boulevards. C'était notre manière de ne pas perdre le contact, de rester fidèle à notre ville, et plus encore de triompher d'un mortel ennui.

Il nous restait aussi, chaque soir, les chansons du « tour » et les plus anciennes, dans ces heures mélancoliques, n'étaient pas les moins fraîches. Soudain, comme à une première lecture, nous y découvrions des mots ravissants, des notes exaltantes… Elles étaient pour nous, ces chansons, la France tout entière et plus encore Paris…

Enfin vint le retour. Orly. Les boulevards extérieurs. Mon appartement du boulevard Lannes et mes amis en foule, et mes confidents – moins nombreux ! J'ai toujours établi une distinction. Il y a mes amis. Et il y a mes confidents. Je parle volontiers à mes amis. Mais je n'ai pas de secrets pour mes confidents. Aussi n'est-il pas surprenant que j'aie pris la peine de les trier sur le volet ! Je peux tout leur dire : jamais je ne suis trahie. Et cela, voyez-vous, c'est l'une des joies de ma vie…

Mais je m'égare. Orly… Le boulevard Lannes… Mon vieux piano était toujours en place, sur lequel bientôt s'entassèrent les manuscrits. C'est qu'en prévision de ma rentrée en France, j'avais demandé à mes auteurs des chansons nouvelles. Marguerite Monnot qui, en mon absence, avait écrit les adorables musiques d'*Irma la Douce* était là, à mes côtés, fidèle comme à l'habitude, et toujours débordante de talent.

— Marguerite, lis ça…

C'était le poème de *Salle d'attente,* de Michel Rivgauche.

— Marguerite, écoute ça…

C'était la musique de *La Foule* : elle m'avait frappée lors de mon séjour en Amérique du Sud, et j'avais projeté de la chanter.

L'excellent chanteur Paul Péri, qui est le mari de Marguerite, n'eut qu'un cri, lorsque le disque fut arrivé à son terme :

— Édith, remets-le…

Marguerite avait fermé les yeux ; elle était dans le ravissement, elle aussi, et je l'entendis à peine murmurer :

— J'aurais voulu l'écrire…

Michel Rivgauche est venu, et Pierre Delanoë. Ce dernier m'avait déjà gâté : le premier devait me combler.

Ainsi sont nés, en quelques semaines, presque magiquement, les œuvres que j'ai eu la joie d'interpréter au cours d'une tournée de rodage d'un mois à travers la France, puis à l'Olympia, où Bruno Coquatrix m'a demandé de rester douze semaines, record qui me procure une certaine fierté[1].

Me la reprochera-t-on ? Dans le métier, on s'envie plus qu'on ne se jalouse. Jusqu'à moi, on disait : « Vous savez, un tel, il a fait tant à l'Olympia... », ou bien : « Il est resté quatre semaines... » J'ai mes coquetteries et douze semaines à l'Olympia, c'est une sorte d'exploit qui me réjouit, parce qu'il m'apporte la récompense d'efforts acharnés pour ne pas décevoir le public de Paris, ce public qui est le meilleur juge du monde et qui, quoi que je fasse jamais, sera toujours « mon » public...

C'est Charles Aznavour – tiens, mais au fait je ne vous ai pas dit que Charles a vécu en familier de la maison plusieurs mois, composant et écrivant les premières œuvres qui l'ont justement rendu célèbre – oui, c'est Charles Aznavour qui m'a dit un soir, au retour de l'Olympia :

— Tu ne trouves pas que les bravos de Paris ont une saveur particulière ?

---

1. Du 6 février au 25 avril 1958, Édith Piaf se produira à l'Olympia pendant onze semaines consécutives, et non douze... En revanche, deux ans après la publication d'*Au bal de la chance*, elle fera encore mieux que ce « record qui [lui] procure une certaine fierté », puisqu'elle restera près de quatre mois (seize semaines à partir du 29 décembre 1960) dans la salle de Bruno Coquatrix, menacée de faillite, et qu'elle sauvera à ce prix.

C'est vrai qu'ils ont une saveur à part, un petit quelque chose que n'ont pas les autres...

Entre ma tournée en France et mon passage à l'Olympia, j'ai eu le temps de tourner un film : *Les Amants de demain.* Quand le metteur en scène Marcel Blistène et le producteur Georges Bureau m'ont apporté le scénario de Pierre Brasseur, je n'ai pas hésité un instant : j'ai signé.

Après quoi j'ai téléphoné à Pierre Brasseur.

— Mon cher auteur...

— Qu'est-ce que tu racontes ?

— Rien qui te surprenne, je pense... *Les Amants de demain*, tu ne connais pas ?

— Quoi, c'est fait ?

— Oui, c'est fait...

— Ah ! m... alors

Voilà Pierre Brasseur. Il avait pensé à moi en écrivant son histoire, il m'avait servie avec tout son talent, toute sa verve, il n'ignorait pas que je serais séduite et fière aussi d'être son interprète, et il était tout surpris, mais sincèrement, étrangement surpris d'apprendre que j'étais d'accord !

— As-tu une bonne bouteille chez toi, j'ai besoin de me remettre ?

— Je l'espère...

— Alors je viens dîner... La bonne bouteille, Édith, c'est pas du champagne, hein ? tu te souviens.

— Je connais tes goûts...

À six heures du matin, Pierre tenait encore à la main un verre de beaujolais.

Il était solide, tonitruant et passionnant.

À huit heures, je le priai de se retirer. Mme Brasseur était sur le point de s'assoupir et j'étais prête à défaillir : j'avais trouvé mon maître.

Que vous confierai-je sur ces *Amants de demain* que nous avons tourné dans la joie avec Michel Auclair, Armand Mestral, Raymond Souplex, Mona Goya ?

Les films heureux n'ont pas d'histoire : ils sont comme les peuples.

À l'heure où j'écris ces lignes, le film est monté, mais il n'est pas encore sorti[1].

J'ignore ce qu'en penseront les critiques. Mais j'ai confiance dans l'accueil du public. C'est son jugement qui m'importe. Et parce que j'ai conscience d'avoir fait de mon mieux, et plus encore d'avoir été témoin des efforts de Michel Auclair et Armand Mestral, j'ai confiance, je le répète...

Le cinéma m'intéresse. Je déplore de n'y pouvoir consacrer plus de temps. Je sais ce que j'y pourrais donner et qui est là, enfoui profondément en moi, mais les heures me font défaut que je devrais consacrer à la caméra. La chanson m'a pour toujours empoignée, depuis les jours reculés de la rue Troyon, et elle ne me lâchera pas avant longtemps.

Est-ce l'instant de me détacher de ces mille et un détails qui jalonnent l'existence pour des considérations d'ordre général ? Je le crois volontiers. Il me reste cependant à préciser les conditions dans lesquelles j'ai été conduite à réclamer pour Félix Marten la vedette « américaine » du dernier programme de l'Olympia[2].

---

1. Le film de Marcel Blistène sortira en salles le 26 août 1959.
2. Félix Marten n'assurera pas le rôle de vedette américaine du spectacle d'Édith Piaf pendant les onze semaines que dura celui-ci. Il fut, vers la mi-mars, remplacé par Jean Yanne à l'occasion d'un total renouvellement de plateau.

Je ne le connaissais pas avant la tournée du retour. Quand Louis Barrier m'en avait vanté les mérites, je m'étais contentée de répondre :

— Mon petit Loulou, je te fais confiance.

Et, brutalement, le premier soir, à Tours, il a frappé à la porte de ma loge.

— Bonjour, Édith, je me présente : Félix Marten.

Il était grand, souriant, pas intimidé pour deux sous.

Je l'ai jugé cavalier.

— Bonjour.

— Je suis heureux d'avoir été engagé à vos côtés, merci.

— Il n'y a pas de quoi…

Là-dessus il a regagné sa loge.

Quand le régisseur l'a appelé, je suis allée l'entendre derrière un portant. N'ai-je pas fait la moue ? Je n'en jurerai pas. Et puis je l'ai écouté le lendemain, et le surlendemain. Je n'ai pas aimé ses chansons, mais son tempérament ne m'a pas déplu.

J'ai dit un jour à Louis Barrier :

— Tu devrais téléphoner à Coquatrix de mettre Marten au programme.

— Mais je croyais…

— Nous avons plus d'un mois pour le transformer.

Là-dessus j'ai téléphoné à Marguerite Monnot, à Henri Contet, les deux auteurs de la vieille garde, et à Michel Rivgauche.

— Venez me voir, j'ai à vous parler.

Ils étaient là le lendemain. C'était à Troyes, je crois, ou à Nevers.

— Félix Marten passera à l'Olympia en février et il a besoin de chansons nouvelles…

Ils se sont mis au travail. Tous, nous nous y sommes mis. Félix n'a pas été un élève facile, ni difficile non plus : car s'il est parfois entêté, il est aussi plein de bonne volonté.

Les critiques n'ont pas tous goûté la transformation, mais le public l'a plébiscitée. Or les heures nous étaient comptées, vous l'avez vu…

Ceux qui s'interrogent sur les raisons profondes qui m'animent lorsque je me penche sur un chanteur pour le modeler n'ont jamais mesuré la joie intense du sculpteur qui donne une forme à son marbre ou du peintre qui anime de ses personnages une toile vierge ; ils ne l'ont jamais mesurée sans quoi ils ne se poseraient pas de questions. J'aime créer et plus la tâche est difficile, plus elle m'exalte. Et puis quelle satisfaction d'apprendre, de donner…

XVI

Je salue la chanson. Par elle les poètes descendent dans la rue et touchent les foules.

Paris cesserait d'être Paris si la traîne nocturne de sa robe ne s'ornait pas d'une guirlande émouvante de chanteuses. Brunes, blondes, rousses. Ces filles admirables expriment notre âme facile et profonde. Il semble que les chansons qu'elles chantent n'aient pas de racine, pas d'auteurs, et qu'elles poussent naturellement du macadam. La radio augmente le charme qu'elles exercent. À Marseille, à Toulon, le long du port, les fantômes de ces voix amplifiées nous poursuivent et nous impriment des refrains dans le cœur.

Jean COCTEAU

J'ai dit comment je choisis mes chansons et pourquoi j'accorde au texte une importance primordiale.

On me demande souvent comment je les mets en scène. La question m'embarrasse toujours. N'ai-je pas l'air de me moquer du monde si je réponds que je me fie surtout à mon instinct ? C'est pourtant la stricte vérité. Je ne dirai pas que mes chansons se mettent en scène toutes seules, mais il y a un peu de cela.

J'apprends en même temps paroles et musique au piano. C'est alors que les idées me viennent, peu à peu. Je ne cours pas après elles, je les laisse venir. Le geste que j'ai fait naturellement, sans y penser, en prononçant une phrase, s'il me revient au même endroit, il a de fortes chances d'être bon.

Je fais peu de gestes, estimant que seul est utile le geste qui ajoute quelque chose à la chanson qu'on interprète. Rentre dans cette catégorie, je crois, le petit geste que je fais, à la fin du *Disque usé*, l'admirable chanson de Michel Emer, rappel du phono qui tourne inlassablement, l'aiguille, coincée entre deux sillons, répétant sans discontinuer le mot « espoir » coupé en deux :

Y a d' les... Y a d' les... Y a d' les...

Je ne travaille jamais devant la glace. La méthode, qui est celle de très grands artistes – comme Maurice Chevalier, pour n'en citer qu'un – est excellente pour les fantaisistes, qui doivent préparer leurs « effets » avec minutie. La mimique compte beaucoup dans leur interprétation et elle ne saurait être laissée à l'improvisation. Pour les chansons que je chante, il en va autrement. Mon geste doit être vrai, sincère. Si je ne le sens pas, il est préférable que je ne le fasse pas.

La mise en place définitive se fait plus tard, devant le public, et elle n'est jamais achevée. J'enregistre les réactions de ceux qui m'écoutent, elles me font réfléchir, mais je ne saurais dire qu'elles m'influencent. Si je perçois dans la salle une résistance, je m'interroge sur ses causes. Achard a dit qu'il y a des soirs « où le public n'a pas de talent », mais ce n'est qu'une boutade. Il est difficile d'admettre que deux mille personnes se trompent en même temps. Si une chanson les heurte, il y a une raison. C'est à l'artiste de la trouver. La recherche peut demander du temps, mais elle est passionnante. L'important est de ne pas renoncer à une chanson sous prétexte qu'elle n'a pas « porté » les premières fois qu'on l'a chantée. Il faut insister, et c'est ce que j'ai toujours fait. La nouveauté déconcerte et le public ne « suit » pas toujours. Il a parfois besoin qu'on le presse un peu. Si certaines vedettes, dont je me flatte d'être, n'avaient pas lutté pour imposer des œuvres de caractère original, la chanson aurait-elle connu en ces vingt années le merveilleux renouvellement auquel nous avons assisté ?

Où je me méfie, c'est quand je commence à devenir consciente de ce que je fais dans une chanson, quand je sais que je la chante, quand je calcule des gestes, quand ils ont perdu la spontanéité qui les fait authentiques et « valables ». Cette chanson, c'est que je la « sens » moins. Le moment est venu de la laisser reposer, de la retirer de mon répertoire.

Mais elle reste dans mes cartons et j'irai la rechercher un jour.

J'ai longtemps eu dans ma loge un minuscule piano sur lequel, une méthode sous les yeux, je faisais des exercices et j'ai bien étonné Marguerite Monnot le jour où, tant bien que mal et avec peut-être quelques fausses notes, je lui ai joué, d'oreille, le commencement de la *Sonate au clair de lune*, de Beethoven. Il est vrai que le morceau est très lent et que je n'allais pas jusqu'au bout.

Je n'ai jamais appris le piano, mais j'adore la musique. J'aurais fait des milliers de kilomètres pour entendre la douce Ginette Neveu, si tragiquement disparue dans le même accident d'avion qui devait coûter la vie à mon cher Marcel Cerdan. La musique, la musique classique, a été pour moi, du jour où je l'ai découverte, une consolation en même temps qu'une source de joies et d'espoir. Bach et Beethoven sont mes musiciens préférés, et je serai toujours reconnaissante à Marguerite de me les avoir révélés. Bach m'arrache au monde qui m'entoure pour me transporter en plein ciel, loin de toutes les vilenies et de toutes les bassesses, et, quand je me sens lasse de vivre, je n'ai qu'à mettre sur le pick-up une symphonie de Beethoven. La divine musique me rend moins lourd mon chagrin et me donne la plus précieuse, et la plus merveilleuse, des leçons de courage.

Beethoven, Bach, Chopin, Mozart, Schubert, Borodine, je les aime tous, et quand je pars en vacances, ce qui ne m'arrive, hélas ! que rarement, je suis heureuse de pouvoir les glisser dans mes valises, sous forme de petites « pastilles » noires, pour les écouter dans le calme des champs.

Parfois, quand je suis contente de moi, je m'offre une autre récompense : je me chante des mélodies de Duparc, de Fauré ou de Reynaldo Hahn.

Que « mes » auteurs me pardonnent !

Autre enchantement : les livres.

J'ai toujours aimé la lecture et, toute gosse, au Cirque Caroli, dans la « caravane » paternelle, je consacrais à la lecture le plus clair de mes rares loisirs, dévorant tout ce qui me tombait sous la main. Une fichue littérature, vous vous en doutez !

Ce fut Raymond Asso qui m'apprit qu'il en existait une autre, qui celle-là enrichissait ceux qui l'aimaient.

Si Raymond Asso poussa pour moi cette porte qui « ouvrait sur un monde », ce monde, ce fut avec Jacques Bourgeat que je l'explorai.

C'est chez Leplée que nous avons fait connaissance. Je courais sur la vingtième année. « Jacquot » prétend qu'il avait déjà l'âge d'un quasi-patriarche, ce qui est une contre-vérité évidente, puisqu'il était encore en dessous de la cinquantaine. J'étais pauvre et mal vêtue et il n'était riche, rappelle-t-il, que des droits hypothétiques que devait lui verser un éditeur imaginaire sur un livre qui restait à écrire. C'est là que prit naissance une amitié qui devait faire de lui, tout ensemble, mon mentor, mon précepteur et mon « père spirituel ».

Auteur d'ouvrages d'histoire qui font autorité et, encore qu'il ne le dise guère, d'un charmant livre de poèmes, *Au Petit Trot de Pégase*, Jacques Bourgeat, qui a ses grandes et ses petites entrées à la Bibliothèque nationale, sait tout. J'exagère ? Admettons. Disons que ce qu'il ne sait pas ne ferait pas un bien gros volume et nous ne serons pas loin du compte.

Ce qu'il m'a appris ? Tout ! Les lettres, la prosodie, la philosophie...

Et je ne résiste pas au plaisir de recopier des lignes qu'il écrivait naguère sur les heures qu'il venait passer en ma compagnie, aux jours de vacances, dans une petite auberge de la vallée de Chevreuse, non loin des ruines de l'abbaye de Port-Royal-des-Champs.

« Loin du bruit, loin du monde, n'ayant pour compagnie que ces livres en pile qu'on ouvre au gré de son caprice, dans les bois voisins les ombres de Pascal, de Racine et du Grand Arnauld qui rôdent, le vieil homme et la petite fille évoquent leurs vieux souvenirs et mesurent le chemin parcouru. C'est le moment consacré à l'étude. Sainte-Beuve leur parle de leurs illustres voisins. Molière gratte à la porte et n'est admis que s'il est accompagné d'Alceste, d'Agnès, de Chrysale, de Sganarelle, à l'exclusion de Thomas Diafoirus et d'Argan, dont Piaf ne peut supporter la présence, ni les propos. Jules Laforgue est là, auprès de Rimbaud, de Baudelaire et de Verlaine. Ronsard y lit son livre des *Amours*. La Fontaine ses *Deux Pigeons*. Il n'est pas jusqu'à Platon qui n'ait suivi les deux ermites, avec sous le bras son *Apologie* et *Le Banquet*. On ne peut rêver meilleure compagnie. Ah ! les douces soirées passées auprès d'un feu de bois que soi-même on attise, pour voir, avec ces bons livres pour maîtres, Piaf faire sa provende de savoir, et rien n'omettre, et n'oublier rien. »

Je suis croyante.

Ma vie a commencé par un miracle. J'avais quatre ans quand une conjonctivite fit de moi, en quelques jours, une petite aveugle. J'habitais alors en Normandie, chez ma grand-mère. Le 15 août 1919, la brave femme me conduisit à Lisieux et là, au pied de l'autel de la petite sœur Thérèse, je priai avec elle, marmonnant de ma voix menue : « Par pitié, rendez-moi la vue ! »

Dix jours après, le 25 août, à quatre heures de l'après-midi, mes yeux retrouvaient la lumière du monde !

Depuis l'image de sainte Thérèse de l'Enfant-Jésus ne m'a jamais quittée.

Autre relique, qui ne m'est pas moins chère : la croix de Jésus à sept émeraudes, que Marlène Dietrich m'offrit un jour de Noël. J'étais à New York. Marlène me l'envoya de Rome, dans une boîte d'or et accompagnée d'un parchemin sur lequel ma grande amie avait écrit ces seuls mots : *Il faut trouver Dieu. Marlène, Rome, Noël.*

Parce que je suis croyante, la mort ne m'effraie pas.

À une certaine époque de ma vie, il y a quelques années, je l'ai souhaitée. Avec la disparition d'un être que je chérissais, mon univers s'était écroulé. Je pensais que plus jamais je ne pourrais être heureuse, que jamais plus je ne pourrais rire, j'étais sans espérance, sans ressort, sans courage. La foi m'a sauvée[1].

Au prix d'un immense sacrifice, j'avais déjà renoncé à construire mon bonheur sur des ruines et des larmes quand la mort frappa, en pleine force et en pleine gloire, le grand champion auquel me liait une amitié exceptionnelle.

Oui ! la foi m'a sauvée…

---

1. Édith Piaf fait bien entendu allusion à Marcel Cerdan, qui fut sans doute le plus grand amour de sa vie, et que la mort frappa en pleine gloire (le 28 octobre 1949, alors qu'il venait d'avoir trente-trois ans), devenant à jamais mythique, intact et intouchable dans la ferveur de ses supporters et dans le cœur d'Édith. En dépit de la foi dont il est question ici, la chanteuse inconsolable s'adonnera un temps au spiritisme pour tenter d'entrer en contact avec l'esprit de Cerdan. Ainsi, pendant de nombreux mois, un guéridon approprié à ce genre d'exercice fera officiellement partie des bagages de la chanteuse lorsqu'elle sera en tournée, et son entourage le plus proche sera prié de l'aider à faire tourner les tables pour dialoguer avec l'au-delà.

XVII

Ceux que je crains le plus ?
Ceux qui ne me connaissent pas et qui disent du mal de moi.

PLATON

On m'assure que ce petit livre, où j'ai rassemblé quelques souvenirs, contés au courant de la plume, sans ordre et comme ils me revenaient à l'esprit, ne serait pas complet si je n'y ajoutais quelques lignes sur ma vie quotidienne.

Allons-y ! Ce sera peut-être l'occasion de redresser quelques erreurs commises, sans mauvaise intention et de bonne foi, j'en suis sûre, par des journalistes mal informés. Ne s'en est-il pas trouvé un, il n'y a pas si longtemps, pour écrire que je couchais dans le lit de la Pompadour ? En réalité, j'avais bien à l'époque une chambre Louis XV, mais elle avait été fabriquée sous Louis-Philippe.

J'habite, boulevard Lannes, un grand appartement au rez-de-chaussée. Je suis à l'orée du Bois, mes fenêtres donnent sur le champ de courses d'Auteuil et il y a, sur le devant, un minuscule jardinet.

J'ai neuf pièces, mais je n'en occupe guère que trois : ma chambre, le salon et… la cuisine. Passablement prise par mon métier, je n'ai pas encore trouvé le temps de meubler mon « home » comme, paraît-il, il devrait l'être. Je n'en souffre pas. Je m'accommode fort bien de camper dans mon intérieur et la présence de quelques malles dans le salon ne me gêne pas. L'essentiel est qu'il y ait aussi le piano de concert, auquel les compositeurs viendront s'asseoir pour me faire entendre leurs chansons, le pick-up sur lequel je ferai tourner les disques que j'aime, les postes de radio et de télévision, de bons fauteuils et quelques tables basses pour poser les verres. Un « ensemblier » ferait la grimace. Un tel décor ne met pas en valeur les quelques toiles que j'ai accrochées aux murs et qui sont fort belles. Je le sais, mais qu'y puis-je ? J'ai gardé un certain côté bohème et la vie errante que je mène, six mois ici, trois mois là et trois mois ailleurs, serait plutôt faite pour l'entretenir que pour le faire disparaître.

Mais j'ai aussi mes petits côtés bourgeois. Je suis terriblement frileuse, j'aime que le chauffage central, allumé dès les premières feuilles rousses, soit poussé au maximum et que les fenêtres soient fermées. Il y a bien suffisamment de courants d'air dans les coulisses !

Autre manie bourgeoise : le tricot. J'adore tricoter, c'est ma passion. Je tricote tout le temps. J'ai toujours un pull-over en train. Mes amis prétendent que je n'en termine jamais un. C'est possible. Mais je n'en suis pas moins, pour les marchands de laine, une bonne cliente.

J'ai horreur de la tyrannie de l'heure.

Ma journée commence vers la fin de l'après-midi. À quatre heures, j'ouvre l'œil et c'est vers le soir que je commence à me sentir en forme.

Si je travaille, je grignote avant de me rendre au théâtre, mais je ne me mets véritablement à table qu'au milieu de la nuit, après le spectacle. Des amis, toujours les mêmes depuis des années, partagent mon repas, servi à la cuisine. Après le café (que j'adore), on passe au salon. On fait de la musique, on chante, on bavarde. Instants de détente. On plaisante, on rit. Je ne suis pas contre les farces, non plus contre les coups fourrés. Bien que gaie de nature, je n'ai pas eu une jeunesse drôle. Je me rattrape un peu. Instants de travail, aussi. Des compositeurs me soumettent leurs dernières œuvres, je répète mes nouvelles chansons, j'en griffonne d'autres sur le premier bout de papier qui me tombe sous la main.

Et cela dure jusqu'au matin. Les « petites natures » ne sont plus dans la course depuis longtemps. Elles dorment, écroulées dans un fauteuil, ou elles ont filé discrètement.

Coquette ?

Je le suis, bien sûr. À la maison, je reste volontiers en chandail et pantalon de flanelle, mais j'ai plaisir à m'habiller, j'aime passer une heure ou deux dans les salons des grands couturiers et, bien que j'en porte rarement, j'ai la passion des chapeaux et j'en possède toute une collection.

La robe de scène, elle est *ne varietur.* Je l'ai étrennée lors de mon premier passage à Bobino et, si elle a été refaite bien des fois, elle n'a pratiquement pas bougé. Je ne veux pas que mon apparence distraie le spectateur.

Il m'est arrivé, pourtant, pour certaines chansons, d'être infidèle à cette petite tenue noire que j'appelle mon uniforme. Ainsi j'ai porté une robe de velours noir à jupe traînante pour chanter *Le Prisonnier de la tour* :

Si le roi savait ça,
Isabelle !
Isabelle, si le roi savait ça...

J'ai tout dit.

Je terminerai sur une citation. Je l'emprunte à Maurice Chevalier qui, dans le quatrième volume de *Ma Route et mes chansons*, écrit, parlant de moi :

« Piaf, petit champion poids coq, se dépense maladivement. Elle ne semble pas plus économiser ses forces que ses gains. Elle paraît courir, révolutionnaire, géniale, vers des gouffres que mon angoisse sympathique entrevoit au bord de sa route. Elle veut tout enlacer. Elle enlace tout. Elle renie les vieilles lois de prudence du métier d'étoile. »

Peut-être, Maurice.

Mais on ne se refait pas…

Le président Eisenhower, comme ses médecins lui recommandaient de se ménager, leur répondit qu'ils lui demandaient beaucoup. Et il ajouta :

— *Better live than vegetate !*

La devise me plaît et il y a longtemps que je l'ai faite mienne.

Postface

Quelle nostalgie, mais quel plaisir de retrouver dans ces « souvenirs » ce cercle de complices et d'amis qui formaient cette famille chaleureuse avec laquelle nous avons flirté et vécu quelques années.

Nous avons eu le privilège d'assister à la naissance de chansons comme « L'Hymne à l'amour », lorsque la merveilleuse Marguerite Monnot est venue chanter dans notre studio de répétition de la rue de l'Université… Sans oublier la découverte de « La Vie en rose », accompagnée par le piano de Robert Chauvigny et l'accordéon de Marc Bonel, devant les Compagnons auxquels s'était joint un jeune chevelu qui allait s'illustrer sous le nom de Léo Ferré… Et Michel Emer et son « accordéoniste », et Henri Contet et ses textes pleins de poésie, qui se terminaient parfois dans l'optimisme – *mais dans ma vie, y a plein d' printemps* –, parfois dans le drame, comme dans « Bravo pour le clown », lequel jetait sa femme du haut du chapiteau…

La maison d'Édith était pleine de beaux talents, jeunes, joyeux, chaleureux. Surtout, il y avait sa présence (et quelle présence !), son magnétisme. Toujours enthousiaste pour un refrain ou un chahut, avec son énorme rire que j'ai encore au creux de l'oreille car elle aimait mystifier, « faire des blagues », comme une gamine heureuse.

Nous étions, chacun à notre manière, amoureux d'elle, et elle nous le rendait bien.

Elle adorait donner la courte échelle à de jeunes talents. Les Compagnons en savent quelque chose, comme d'ailleurs les Montand, Constantine, Moustaki, Dumont et quelques autres, à qui elle prodiguait ses conseils. Et toujours dans la bonne humeur, avec le sourire d'une grande sœur. Maurice Chevalier, rencontré à cette époque, lui disait pourtant qu'elle sacrifiait sa rentrée en venant chanter avec nous en fin de première partie…

Je suis surpris et heureux de retrouver « notre » Édith dans ces mémoires, quand elle évoque des personnages chaleureux comme l'ami Jacques Bourgeat, qui a été pour elle un initiateur, et dont elle nous disait tant de bien. Nous lui avons rendu hommage en donnant notre version de ce beau texte : les « Vieux bateaux »… On y croise aussi la silhouette d'Aznavour, qui allait devenir le Grand Charles, et avec qui j'aurai la chance de poursuivre pendant des décennies un dialogue commencé grâce à Édith.

Il me revient en mémoire quelques belles chansons interprétées avec elle. « Le Roy a fait battre tambour », « Dans les prisons de Nantes », « Céline »… Sans oublier « Les Trois Cloches ». Toutes ces chansons me permettant de lui donner la réplique… Mon regret : ne pas avoir enregistré « Le Roi Renaud », qui était le point d'orgue de notre spectacle commun. De merveilleux souvenirs.

Je me dois de signaler la générosité d'Édith, qui, à cause de nous, avait refusé de partir pour les États-Unis, l'impresario américain Clifford C. Fischer ne jugeant pas utile d'emmener ce groupe de jeunes pour partager l'affiche. Au bout d'un an, cette petite bonne femme volontaire gagna son bras de fer et nous permit une carrière américaine qui commença d'une étrange façon. Devant notre immense déception pour ce rêve américain qui nous semblait impossible, Édith, entêtée et un peu en colère par notre doute, nous promit à tous une paire de gifles le jour où nous franchirions la passerelle du « beau navire » en partance pour New York. Et c'est ainsi que, quelques mois plus tard, Clifford C. Fischer ayant finalement baissé les bras, je reçus de la blanche main d'Édith, avant de monter sur le *Queen Mary*, la paire de claques la plus agréable de ma vie.

Édith a été pour nous la bonne fée, qui nous mit sur le chemin du professionnalisme, avec son cœur, sa bonne humeur, son immense talent et surtout sa générosité. Édith, à qui nous devons tant. Édith, notre Grande Dame.

Fred MELLA

Remerciements

Nous remercions les éditeurs de musique qui ont bien voulu nous autoriser à reproduire des extraits des succès d'Édith Piaf édités par leurs soins.

Nos remerciements vont particulièrement aux éditions Paul Beuscher (*Un coin tout bleu, La Vie en rose, Je n'en connais pas la fin, Il a..., Petite si jolie, Demain il fera jour, L'Homme que j'aimerai, Tous mes rêves passés, Un refrain courait dans la rue, Mariage)*, aux éditions de Paris et à Maurice Decrick *(L'Étranger, Browning, Mon Légionnaire, Le Fanion de la Légion, Paris-Méditerranée)*, aux éditions Edimarton *(Hymne à l'amour)*, aux éditions Vianelly *(Je t'ai dans la peau)*, aux éditions Méridian *(Les Trois Cloches)*, aux éditions Micro *(Battling Joe)*, aux éditions Hortensia *(Bravo pour le clown)*, aux éditions S.E.M.I. *(La Marie)* et aux éditions René Valéry *(L'Accordéoniste)*.

Cet ouvrage a été composé
par Atlant'Communication
aux Sables-d'Olonne (Vendée)

Impression réalisée sur les presses
de l'imprimerie France-Quercy
à Cahors (Lot)
en août 2003
pour le compte des Éditions de l'Archipel
département éditorial
de la S.A.R.L. Écriture-Communication

Imprimé en France
N° d'édition : 621 - N° d'impression : 32037/
Dépôt légal : octobre 2003